# 교양 꿀꺽
## 주식과 투자로
## 어떻게 돈을 불릴까?

유윤한 지음 | 이창우 그림

봄마중

## 차례

머리말 · 6

1 자본가의 등장 · 11

2 돈을 움직이게 만드는 은행 · 23

3 투자와 투기는 어떻게 다를까? · 39

4 투자를 하기 위해 꼭 알아둘 것들 · 53

5 안전한 투자는 어떤 것일까? · 69

6 주식회사란 뭘까? · 85

7 주식 투자는 어떻게 하는 걸까? · 97

8 어떤 기업에 투자해야 할까? · 115

9 나도 자본가가 될 수 있을까? · 129

## 머리말

    가을이면 은행나무 잎이 노랗게 물들고 은행 열매가 매달려. 은행나무를 키울 때 필요한 것은 햇빛과 물 그리고 인내심이야. 특히 인내심은 꼭 필요해. 은행나무가 열매를 맺으려면 10년 넘게 키워야 하거든.

    한두 해 기다리다 열매가 열리지 않는다고 실망한 채 내버려두면, 그 나무는 제대로 자라지 못할 가능성이 커. 하지만 첫 열매를 맺을 때까지 10여 년만 잘 보살펴 주면, 그 뒤로는 특별히 신경쓰지 않아도 가을이면 은행이 알알이 영그는 훌륭한 보물 창고가 될 거야.

    혹시 아니? 여러분이 심은 나무가 경기도 양평 용문사의 커다란 은행나무처럼 천 년이 넘게 살아남아 후손 대

대로 열매를 선물하게 될지.

 '자본과 투자'에 대해 알고 싶어 이 책을 펼친 독자라면, 지금쯤 헷갈릴지도 몰라. 식물에 대한 책을 잘못 펼친 게 아닌지 표지를 다시 확인할 수도 있을 거야. 하지만 지금 여러분은 '자본과 투자'에 대한 책을 읽고 있는 게 맞아.

 돈은 은행나무 열매와 비슷하고, 돈을 투자하는 것은 은행나무 키우기와 비슷해. 은행 열매를 심어 키우는 것처럼 돈을 써 버리지 않고 어딘가에 투자하면, 나중에는 크게 불어날 수 있거든. 이렇게 투자한 돈은 마치 수백 년을 사는 은행나무처럼 점점 불어나 큰 자본이 되기도

해. 또 많은 사람들에게 일자리를 주는 거대한 기업이 되기도 하지.

그런데 은행나무는 식물인데도 암컷과 수컷이 있어. 이 중에서 암나무만 열매를 맺을 수 있는데, 씨앗 단계에선 암나무인지 수나무인지를 구분하기 어렵지. 그래서 나중에 열매를 따고 싶으면, 여러 그루를 함께 키우는 게 좋아. 암나무와 수나무가 섞여 있을 테니까. 이처럼 투자도 한 곳에 몰아서 하면 안 돼. 여러 곳에 나누어 투자해야 위험을 줄이고, 수익도 높일 수 있거든.

돈은 일을 해서 버는 것이지만, 그렇게 번 돈을 차곡차곡 모으기만 해서는 재산을 불리기가 어려워. 더 이상 일

을 할 수 없을 때를 대비하고, 우리 사회가 잘 움직이도록 하려면 투자가 필요해. 그러기 위해서는 어릴 때부터 적은 돈이라도 투자하는 습관을 기르는 게 좋아. 투자를 하면 세상 보는 눈도 키울 수 있거든.

# 자본가의 등장

기원전 3천 년경 지금의 이라크 땅에는 **수메르** 사람들이 살았어. 수메르는 기록이 남아 있는 인류 최초의 문명이야. 수메르 사람들은 자신들만의 **쐐기 문자**로 점토판에 여러 가지 이야기를 새겨놓았어. 왕들이 전쟁을 치르며 나라를 다스린 이야기도 자세히 기록했지.

이 기록에 따르면, 초기에는 주로 땅을 많이 가진 사람이 왕이 되었어. 그리고 넓은 땅을 지키기 위해 전쟁도 했지. 땅 주인은 땅에서 나는 먹을 것과 입을 것을 군사들에게 나눠 주며 충성하도록 만들었어.

군사들의 가족은 그 땅에서 농사를 지었어. 거두어들인 농작물을 땅 주인에게 바치고, 그중 일부를 가져와 먹고살았지.

몇몇 땅 주인은 영토를 넓혀 가며 하나의 **국가**로 성장시켰어. 그리고 나라를 지키는 데 공을 세운 군인들에게 땅을 나눠 주기도 했지. 이들은 점점 더 많은 것을 가진 **귀족**이 되었어.

이렇게 해서 왕과 귀족만이 땅을 가지는 제도가 생겨났고, 이 제도는 오랫동안 유지되었어.

## 18세기가 되자 유럽에서는 증기기관이 발명되었어. 사람보다 몇 십 배나 힘이 센 증기기관은 큰 변화를 불러일으켰지.

이때까지는 농사지을 땅이 많은 왕과 귀족이 권력을 가지고 있었어. 하지만 **증기기관**과 함께 나타난 **자본가**들은 차츰 왕과 귀족의 힘을 빼앗아가기 시작했어. 자본이란 장사나 사업을 할 때 밑천이 되는 돈을 뜻해. 그리고 자본가란 이런 돈을 가지고 있는 사람이야.

자본가는 가지고 있는 돈으로 공장을 세워 많은 물건을 만들어냈어. 공장은 증기기관으로 움직였지. 증기기관 덕분에 많은 물건들이 시장에 쏟아져 나왔어.

공장뿐 아니라 증기기관으로 움직이는 배나 자동차도 생겨났어. 덕분에 만든 물건을 먼 곳까지 실어다 팔 수 있었고 자본가들은 더 큰돈을 벌기 시작했지.

농사지은 쌀이나 과일, 직접 기른 가축을 시장에 가져가 맞바꾸는 **물물교환**은 어느새 사라졌어. 자신이 직접 생산한 것을 팔아 돈을 벌고, 이 돈으로 공장에서 만든 물건을 사는 것이 훨씬 효율적이기 때문이야. 사람들은 돈이 있으면 시장에서 파는 모든 것을 살 수 있다는 사실이 신기하기만 했어. 귀족의 지배를 받으며 힘들게 농사를 짓기보다는 도시의 공장에서 일하고 싶어 하는 사람들이 점점 많아졌지. 그곳에서 돈을 벌면 귀족에게 바칠 필요 없이 자신이 원하는 물건을 마음대로 살 수 있었기 때문이야.

땅보다는 땅을 살 수 있는 돈이 중요해진 시대가 되었어. 아무리 왕이라 해도 돈이 없으면 무기도 구할 수 없고, 군인들에게 월급도 줄 수 없었지. 오히려 공장을 돌려 물건을 만들어 파는 자본가들이 더 부자였지. 어떤 자본가들은 서로 힘을 합해 커다란 배를 만들어 외국에서 금과 은, 향신료를 실어왔어. 그리고 이런 물건들을 아주 비싼 값을 받고 팔면서 점점 더 부자가 되었어.

## 많은 사람들은 왕과 귀족보다 자본가의 힘이 더 세다는 것을 알아채기 시작했어.

그리고 돈을 잘 투자하면 돈이 스스로 일을 해 불어난다는 사실도 알게 되었지. 자본은 밑천이 되어 또 다른 돈을 끌어들이는 힘이 있기 때문이야. 18세기 프랑스의 사상가이자 작가인 볼테르도 자본의 힘을 일찍 알아차린 사람들 중 하나였어.

볼테르는 평민으로 태어났어. 하지만 부유한 아버지를 둔 덕분에 어린 시절 좋은 학교에 다니며 귀족 친구들과 어울릴 수 있었지. 또 총명하고 글재주가 뛰어나 20대에 이미 유명한 작가가 되었어.

이렇게 성공의 길을 걷던 볼테르가 서른 살이 된 어느 날, 어떤 귀족으로부터 참기 어려운 말을 들었어. 그 내용을 한 마디로 줄이면, '이 천한 평민 놈아!'라는 것이었지. 프랑스 최고의 지성인이라고 자부했던 볼테르가 단

지 평민이라는 이유로 험한 말을 듣자, 자존심에 큰 상처를 받았어. 그래서 지지 않고 맞받아쳤지.

"두고 봐. 이제부터 난 더 성공할 거야. 하지만 너처럼 신분만 믿고 잘난 척하는 귀족 녀석은 곧 망하고 말 거다."

이 말을 듣고 화가 난 귀족은 하인들을 보내 볼테르를 마구 때려 주었어. 볼테르는 억울하게 맞고 가만히 있을 사람이 아니었어. 당장 귀족에게 결투를 신청했지. 당시 결투는 목숨을 건 싸움이었어. 누군가 한 사람이 죽어야 끝났기 때문이야.

그런데 귀족은 싸움엔 자신이 없었나 봐. 결투를 받아들이는 대신 볼테르를 프랑스에서 쫓아내기로 마음먹었어. 비겁하게 다른 귀족들을 부추겨 볼테르를 죄인으로 몰아갔지. 그들이 주장한 볼테르의 죄는 평민인 주제에 감히 귀족에게 결투를 신청한 것이었어. 당시에는 신분 차별이 심했기 때문에, 귀족의 미움을 받은 볼테르는 어쩔 수 없이 프랑스를 떠나야 했어.

영국으로 간 볼테르는 억울했지만, 힘을 냈어. 앞으로

는 자본을 많이 가진 사람이 신분이 높은 사람보다 더 권력을 가지게 될 거라는 걸 알았기 때문이야. 그래서 자신이 가진 돈을 잘 투자해 많은 돈을 벌기로 마음먹었어. 우선 은행가들과 친하게 지내며 좋은 정보를 얻은 뒤, 이곳저곳에 투자하며 자본을 불려나갔지. 주로 주식과 무역에 투자해 큰돈을 벌었고, 복권에도 여러 번 당첨되었어.

드디어 부유한 자본가가 된 볼테르는 프랑스로 돌아와 페흐네라는 작은 마을의 땅을 사들였어. 당시 이 마을의 인구는 50명 정도였다고 해. 그런데 볼테르가 이곳에 여러 개의 공장을 지으며 투자를 계속하자, 인구가 차츰 늘어 큰 도시가 되었지. 그리고 많은 사람들이 볼테르의 공장에서 일자리를 얻었어. 물론 그 사이에 볼테르의 자본은 다시 한 번 크게 불어났어.

볼테르는 평민으로 태어났어도 자본을 잘 굴리면 귀족보다 부자가 될 수 있다는 것을 직접 보여 주었어. 그리고 인간은 누구든 자유를 누릴 권리가 있다고 주장하는 사상가로서도 많은 존경을 받았지. 프랑스 사람들은 볼테르가 죽은 뒤에도 그의 가르침을 이어받아 신분제도를

없애는 혁명을 일으켰어.

　당시 프랑스 시민들이 꿈꾼 사회는 누구나 부지런히 일을 해 돈을 모으고 투자를 하면서 자유롭게 살아갈 수 있는 세상이었어. 오늘날 우리가 살아가는 **자본주의 사회**는 모두 이런 정신을 바탕으로 하고 있어.

# 2

# 돈을 움직이게 만드는 은행

**자본주의 사회**에서 살아가려면 돈이 필요해. 돈은 일을 해서 벌 수도 있고, 가지고 있는 돈을 투자해서 불릴 수도 있어. 그런데 인생에서 일을 하면서 돈을 벌 수 있는 시간은 그리 많지 않아. 그래서 사람들은 돈을 벌 수 있을 때 많이 모아두고 싶어 하지. 나이가 들거나 몸이 아파 더 이상 일을 할 수 없을 때 사용하기 위해서야.

기업도 마찬가지야. 돈을 잘 벌 때 모아 놓아야 새로운 제품도 개발하고 물건을 생산하는 데 필요한 원재료도 구할 수 있어.

개인이나 기업이 어느 정도 돈을 모으면, 안전한 **은행**에 맡기는 경우가 많아. 은행은 돈을 맡았다가 돌려 줄 때 **이자**를 붙여서 주지. 이자란 '돈을 맡겨 주셔서 감사합니다.'라는 뜻으로 은행이 고객에게 주는 돈이야.

경제가 빠르게 성장할 때는 은행에 1년 정도 돈을 맡기면, 원금(맡긴 돈)의 10분의 1(10%)이 넘는 돈을 이자로 주기도 했어. 예를 들어 100만 원을 맡기면, 1년 뒤에 10만 원을 이자로 붙여 110만 원을 내 주었지.

**원래 맡긴 돈에 대해
이자가 차지하는 비율을
'이자율'이라고 해.
이자율은 다른 말로 하면
'금리'라고도 하지.**

 높은 금리는 돈의 가치를 높게 인정해 준 것이고, 낮은 금리는 돈의 가치를 낮게 본다는 뜻이야. 그래서 금리를 '돈의 값'이라고 하기도 해.

 고객이 예금이나 적금으로 은행에 돈을 맡기면, 은행은 돈을 가만히 금고에 보관하는 게 아니야. 만약 돈을 그대로 보관하려면 커다란 창고와 그것을 지키고 관리할 사람이 아주 많이 필요하겠지. 그렇다면 은행은 고객에게 이자를 주기는커녕 보관료를 받아야 할 거야.

 은행은 돈을 빌리고 싶어 하는 사람들에게 빌려 줘. 은행으로부터 돈을 빌리는 것은 대출이라고 해. 그 돈으로 집을 사고 공장을 짓거나 학자금을 빌려 공부를 하면, 나

중에 더 큰 수익을 올릴 수 있기 때문이야. 당장 목돈이 없으니 은행에서 대출 받아 쓰고, 나중에 이자를 붙여 조금씩 갚으려는 거지.

이때 은행은 고객이 맡긴 돈을 전부 빌려 주어서는 안 돼. 10분의 1 정도는 항상 남겨 두도록 법으로 정해져 있거든. 갑자기 돈을 찾으러 오는 사람이 있을 때를 대비해서야.

은행은 대출한 사람들로부터 예금 이자보다 훨씬 높은 이자를 받아. 즉 <u>대출 금리</u>가 <u>예금 금리</u>보다 높다는 뜻이지. 예를 들어 100만 원을 대출한 사람에게는 이자로 10만 원을 받지만, 100만 원을 예금한 사람에게는 겨우 2만 원 정도를 이자로 내 주거든. 은행은 예금 고객과 대출 고객 사이에서 8만 원 정도 이익을 보게 되는 거지.

## 정부는 은행이 이자로 국민에게 피해를 주지 못하도록 감시하는 역할을 해.

최근에는 예금 금리와 대출 금리의 차이를 공개하도록 법으로 정하기도 했어. 은행에 예금을 할 때는 두 가지 금리의 차이를 확인해 볼 필요가 있어. 은행이 얼마나 고객을 배려하고 있는지를 알 수 있기 때문이야.

은행은 우리의 돈을 가져다가 다른 사람들에게 빌려 주고 이자를 받아 돈을 버는 중간 상인이야. 그런데 보통 상인들과는 달리 무조건 자신의 이익만을 챙길 수는 없어. 은행이 관리하는 돈이 국가 경제를 굴러가게 만들기 때문이지.

그래서 정부는 은행이 하는 일에 문제가 없는지 살피고 혹시 은행이 망하더라도 예금한 돈을 <u>5천만 원</u>까지는 보호해 줘. 은행을 믿고 돈을 맡겼는데, 그 돈이 사라진다면 아무도 예금을 하려 들지 않을 테니까. 은행에 돈이 없으면 기업은 자본을 끌어올 곳이 사라지기 때문에 정부는 늘 은행의 일에 관심을 갖고 있지.

## 정부와 함께 은행을 관리하는

## 중요한 기관은 중앙은행이야.

중앙은행은 각 나라마다 하나씩 있어. 우리나라는 **한국은행**, 미국은 **연방준비은행**, 일본은 **일본은행**이 있지.

그렇다면 한국은행에서는 어떤 일을 할까? 먼저, 돈을 찍어내. 우리나라에서 발행된 모든 지폐나 동전을 잘 살펴봐. 어딘가에 한국은행이란 네 글자가 인쇄되어 있을 거야. 만일 이 네 글자가 없다면 가짜 돈이겠지.

또 한국은행은 일반 국민들과는 거래하지 않고, 은행하고만 거래해. 은행들의 돈을 맡아 주기도 하고, 은행들에게 빌려 주기도 하지. 한마디로 **은행들의 은행**이라 할 수 있어.

그리고 한국은행은 정부와 거래해. 정부가 거둔 세금을 맡아 주기도 하고, 정부에게 대출해 주기도 하지.

마지막으로 나라에 돌아다니는 돈의 흐름을 파악해서 매달 **기준금리**를 새롭게 정해. 기준금리는 일반 은행들이 금리를 정할 때 기준이 되지. 참고로 2023년 8월의 기준

금리는 3.5%야.

 경제가 어려워지면, 많은 기업과 은행들이 문을 닫고 사람들은 돈을 잘 쓰려고 하지 않아. 이렇게 되면 나라 전체를 돌아다니는 돈의 흐름이 끊겨 경제 활동이 마비될 수 있어. 국가를 우리 몸으로 생각하면, 돈은 몸이 성장하고 살아갈 수 있게 만드는 피야. 그리고 은행은 몸 전체에 피를 공급하는 심장이라 볼 수 있어. 그런데 은행들이 문을 닫아서, 즉 심장이 병들면 피나 마찬가지인 돈도 흐르지 않게 돼. 이럴 때 한국은행은 긴급하게 돈을 찍어 은행들에게 흘러가게 해 줘. 마치 피가 부족해 생명이 위태로운 환자에게 수혈을 해 주는 것처럼 말이야.

 우리 몸에는 피가 부족해도 문제이지만, 갑자기 너무 많아도 문제가 돼. 돈도 마찬가지야. 시중에 갑자기 돈이 너무 많이 풀리면 돈의 가치가 떨어지지. 쉽게 말해 1,000원에 샀던 물건을 2,000원을 주고 사야 해. 이렇게 갑자기 물가가 치솟으면 사람들의 생활이 힘들어져.

## 물가란 '평균적인 물건 가격'이야. 물가가 오르는 현상은 '인플레이션'이라고도 하지.

월급은 그대로인데 물가가 너무 많이 오르면 사람들은 저축을 하지 않고, 오히려 은행에 맡긴 돈을 찾아서 쌀, 라면, 휴지 같은 생필품을 사두려고 할 거야.

예를 들어 집값이 지나치게 오르면 사람들은 집값이 더 오르기 전에 대출을 받아서라도 집을 사려고 해. 하지만 인플레이션이 심해지면 집값이 계속 올라가다가도 어느 순간 거품이 꺼지듯 내려앉는 일이 생겨. 집값이 너무 비싸 더 이상 아무도 집을 사려고 하지 않기 때문이지. 이렇게 되면, 집을 사느라 대출을 받은 사람들은 큰 어려움을 겪게 돼. 집을 다시 팔려고 해도 집값이 떨어져서 빚을 갚을 돈이 되지 않기 때문이지.

한국은행은 이런 일이 일어나지 않도록 미리미리 인플레이션을 막는 일을 해. 바로 기준금리를 올리는 거야. 기

준금리가 오르면 시중 은행들도 따라서 금리를 올리기 때문에 사람들이 대출 받기가 쉽지 않지. 높은 이자를 내야 하거든. 대신 예금이자도 높아지므로 은행에 돈을 맡기고 싶어 하는 사람들이 늘어나겠지.

하지만 사람들이 저축만 하고 소비를 하지 않는 것도 문제야. 물건이 계속해서 팔리지 않으면 기업은 직원을 줄이거나 월급을 깎게 돼. 그러면 실업자가 늘어나고, 사회에 어려운 사람들이 많아지겠지. 그러면 물건은 점점 더 팔리지 않고 경제는 얼어붙게 될 거야.

정부는 이런 일이 일어날 것 같으면, 미리 기준금리를 낮춰. 그러면 사람들이 은행에 맡겨둔 돈을 찾기 시작하지. 은행에 맡겨봤자 이자가 너무 적기 때문이야. 대신 그 돈으로 집이나 주식을 사서 은행 이자보다 높은 수익을 얻으려고 할 거야. 기업도 이자율이 낮으면 대출을 받아 공장을 늘리고 직원을 뽑는 등 투자를 하게 돼.

중앙은행과 금리의 관계를 다시 한 번 정리해 볼게. 중앙은행은 물건 값이 계속해서 오르는 인플레이션이 시작되면 기준금리를 높여. 시장에 너무 많이 흘러 다니는 돈을 은행으로 끌어들이기 위해서야. 반대로 물건 값이 내려가고 기업이나 개인의 경제 활동이 둔해지면, 기준금리를 내려. 은행에서 돈이 흘러나가 경제 활동이 활발해지도록 만들기 위해서지.

한국은행은 전체적인 물가가 2% 이상 올라가는 인플레이션이 시작되면, 금리를 높여 돈을 거둬들일 준비를 해. 하지만 그 전에는 물가가 조금씩 오르는 것을 오히려 환영해. 물가가 조금씩 올라야 사람들은 값이 오르기 전에 물건을 더 사려고 할 테니까. 그러면 기업은 더 많은 물건을 만들어 팔 수 있게 되므로 경제가 꾸준히 성장할 수 있지.

마지막으로 바쁜 사람들을 위해 특별히 탄생한 은행을 소개할게. 인터넷 전문은행이야.

**인터넷 전문은행은 계좌를 만들고 송금하는 등 모든 일을 온라인으로만 처리해야 해.**

입금하거나 돈을 찾을 때도 번호표를 뽑고 기다릴 필요가 없으니 정말 편리하지. 또 수수료도 싸고, 보통 은행보다 높은 이자를 주는 점도 좋아. 게다가 모든 은행 현금인출기에서 돈을 맡기거나 찾을 수 있어.
　인터넷 전문은행은 점포가 없기 때문에 은행을 유지하는 데 드는 비용이 적어. 그래서 고객에게 좀 더 높은 이자를 줄 수 있는 거야. 아쉬운 점이 있다면 주민등록증이 없는 어린이와 청소년은 인터넷 은행의 계좌를 만들 수 없다는 사실이야. 여러분이 주민등록증을 만들게 되면, 인터넷 전문은행에 계좌를 만들어 보길 바라.

# 3

# 투자와 투기는 어떻게 다를까?

우리가 살아가는 사회에서는 해마다 자연스럽게 **물가**가 조금씩 오르게 되어 있어. 왜냐하면 사회에 풀리는 돈이 시간이 흐르면서 조금씩 불어나기 때문이야.

이렇게 불어난 돈이 개인과 기업들 사이로 흘러다니지 않으면, 경제 활동이 마비돼. 이것은 상류에서 계속 물이 흘러들어와 하류까지 내려가는 것과 같아. 만일 강물이 흐르지 않으면, 수도에선 더 이상 물이 나오지 않고 농사도 지을 수도 없어. 그리고 댐의 물도 말라 전기를 만드는 수력 발전소도 문을 닫아야 할 거야.

## 돈과 물은 비슷해.

은행을 통해 계속 돈의 양이 늘어나 세상으로 흘러가지 않는다면, 우리가 물건을 만들어 사고파는 경제 활동도 천천히 멈추고 말 거야. 하지만 중앙은행과 일반 은행들이 제대로 역할을 한다면 그럴 일은 없어.

앞에서도 이야기했듯이 은행은 예금으로 맡은 돈의 10

분의 1만 남기고, 나머지는 기업과 개인에게 빌려 줘. 그리고 빌려 준 돈에 대한 이자를 받아서 그 중 일부를 예금한 사람들에게 이자로 주고, 나머지는 은행의 수익으로 삼지. 이 수익으로 은행 직원들의 월급도 주고 은행 건물도 짓는 거야.

만일 내가 예금에 10만 원을 넣으면, 은행은 그 중 1만 원을 남기고 9만 원을 다른 사람에게 대출해 줘. 그런데 돈이 한 푼도 없는 이웃집 아저씨가 내 돈을 대출해 갔다고 생각해 봐. 이웃집 아저씨는 은행에서 대출을 받아 재산이 9만 원으로 불어났어. 하지만 그렇다고 해서 은행에 맡긴 내 돈이 줄어든 것은 아니야. 통장에 찍힌 내 재산은 여전히 10만 원이니까.

여기에서부터 **은행의 마법**이 시작돼. 내가 은행에 맡긴 돈 10만 원은 그대로이지만, 이 돈이 이웃집 아저씨에게 대출되면서 두 사람의 재산을 합치면 모두 19만원이 되었어. 대출 받기 전 아저씨의 재산은 0원이었기 때문에, 아저씨와 나의 재산을 합쳐 봤자 모두 10만 원이었지. 하지만 아저씨가 대출 받고 나서는 두 사람의 재산이 9만

원이나 불어난 거야.

　우리 사회에선 이런 과정이 끊임없이 되풀이되고 있어. 그리고 이렇게 조금씩 불어난 돈으로 **경제 활동**이 계속 이루어지지. 즉 현대 사회에서는 날마다 사람들 사이에 풀리는 돈이 조금씩 많아지고 있어. 돈이 많아지는 만큼 가치는 차츰 떨어지고, 반대로 물가는 조금씩 오르게 되지.

　오늘 1,000원을 주고 산 과자를 3년 뒤엔 1,500원을 주어야 사 먹을 수 있지. 1,000원은 그대로이지만, 3년 사이에 돈의 가치가 떨어져 물가가 올랐기 때문이야. 다시 말해 우리가 살아가는 사회에서는 돈을 그냥 두면 가치가 떨어지는 것이 자연스러운 일이야. 그렇기 때문에 가진 돈을 잘 굴려 눈덩이가 커지듯 불어나게 만들어야만 해. 그래야만 재산이 조금씩 사라지는 것을 막을 수 있지.

## 돈이 스스로 불어나게 하려면, 가치가 더 커질 것으로

## 기대되는 곳에 돈을 넣어야 해. 이것을 투자라고 하지.

우리가 할 수 있는 가장 쉬운 투자는 은행에 돈을 맡기는 거야. 그리고 어느 정도 시간이 지나 이자가 붙은 돈을 돌려받는 거지. 이자는 돈이 스스로 일을 해 불어난 돈이라고 보면 돼.

하지만 경제가 어려워 사람들이 돈을 잘 쓰지 않으면, 중앙은행은 금리를 낮춰. 금리가 내려가면 은행에 돈을 맡기지 않고, 다른 경제 활동에 쓰려는 사람들이 많아질 거야. 어차피 은행에 맡겨 봤자 이자가 거의 없기 때문에 다른 데 투자하는 게 더 낫기 때문이야.

성장이 멈춘 유럽의 몇몇 선진국이나 일본에서는 은행에 돈을 맡긴 사람에게 이자를 주기는커녕 돈을 보관해 주는 대가로 수수료를 받아. 예를 들어 10만 원을 1년 동안 예금했다 찾으면 이자가 아니라 오히려 수수료를 떼고 9,900원을 받게 돼.

금리가 너무 낮은 경우엔 저축하는 것이 오히려 재산을 줄어들게 만들 수 있어. 쥐꼬리만큼 붙는 이자로는 꾸준히 올라가는 물가를 따라잡을 수 없기 때문이야. 쉽게 설명하면, 아이스크림 1개의 가격이 1,000원이었는데, 1년 뒤 물가가 올라 1,500원이 되었어. 그런데 1년 동안 예금해 두었던 1,000원을 찾아보니, 이자가 30원밖에 붙지 않은 거야. 그렇다면 저축한 것이 더 손해를 보게 된 셈이겠지?

물가는 해마다 2~3퍼센트 정도 올라. 따라서 우리가 더 이상 일을 하지 못하는 나이가 되는 몇 십 년 후엔 물가가 지금보다 몇 배는 뛰어 있을 거야. 전기세나 수도세 같은 공공요금도 몇 배로 올라 있겠지.

이럴 땐 돈이 스스로 불어나도록 만들어야 해. 그래서 사람들은 집, 땅, 주식, 채권 같은 것에 투자를 하는 거야. 물론 투자한 땅이나 주식의 가격이 떨어지면, 오히려 큰 손해를 볼 수도 있어. 그렇기 때문에 투자를 하려면 공부와 경험이 필요해. 또 한 곳만이 아니라 여러 곳에 나누어 투자하는 것도 중요하지. 투자한 곳 중 한 분야에서 손해를 보아도 다른 곳에서는 이익을 남길 수 있기 때문이야.

 무엇보다 투자를 하려면 돈이 있어야 해. 일을 해서 돈을 벌기도 하지만, 돈이 돈을 벌게 만들 수도 있어. 즉 좋은 투자를 하면, 거기서 나오는 이익으로 또 다른 투자를 해서 점점 자본을 불려갈 수 있지. 저축해 놓은 돈에 이자가 붙고, 사놓은 주식이나 땅의 가격이 오르는 것처럼 말이야.

 간혹 돈이 그냥 생기기도 해. 부모님에게 용돈을 받거나, 복권에 당첨되거나 큰 재산을 물려받는 경우지. 그렇지만 설사 그런 행운이 생겼다고 해도 투자는 필요해. 받은 돈을 잘 투자해서 계속 불어나도록 만들어야 하니까. 아무리 돈이 많아도 제대로 관리하지 못하면, 흐지부지 사라질 수도 있기 때문이야.

 해외 복권 당첨자 중에는 많은 사람들이 갑자기 생긴 큰돈을 어떻게 관리해야 할지 모른 채 이것저것 사들이거나 마약과 도박에 빠지는 경우도 있거든.

> **투자를 할 때 가장 먼저 해야 할 것은 투기가 아닌지 의심해 보는 거야. 투기는 한 번에 큰돈을 벌려고 하는 도박에 가까운 행동이야.**

많은 사람들이 <u>투기</u>에 빠지게 된 것은 자본주의 사회가 시작되던 시대부터였어. 17세기 네덜란드에선 <u>튤립</u>에 대한 투자가 대유행이었지. 네덜란드 사람들은 튀르키예를 거쳐 네덜란드로 들어온 튤립을 보자마자 강렬한 색과 아름다운 모습에 푹 빠져 버렸어. 튤립을 찾는 사람이 많아지자 튤립 값은 점점 오르기 시작했지. 특히 두 가지 이상의 색깔이 섞여 아름다운 무늬를 만드는 희귀한 튤립 종자는 큰 부자가 아니면 살 수 없을 정도였어.

하지만 희귀한 튤립 한 송이가 집 몇 채 값이나 되자, 사람들은 정신을 차리기 시작했지. 치솟던 튤립 값이 더 이상 오르지 않고 팔리지도 않자 튤립에 대한 투자자들의 기

대도 한순간에 무너지기 시작했어. 갑자기 많은 사람들이 튤립을 팔려고 시장에 내놓았고, 가격은 하루아침에 폭락했지. 어느새 튤립 가격은 원래 꽃값으로 돌아왔고, 한창 가격이 비쌀 때 튤립을 샀던 수많은 사람들은 튤립에 투자한 재산이 한순간에 사라지는 경험을 맛보아야 했어.

요즘도 집값이나 특정한 주식의 가격이 몇 배로 오르다가 폭락하면, 망하는 투자자들이 우르르 생겨나. 이런 현상을 **버블(거품) 붕괴**라고 해. 이때 버블은 집이나 주식 가격이 거품처럼 순식간에 치솟는 현상을 말해.

집값이나 주식 가격에 버블이 생기면 앞으로 가격이 크게 오를 것이라 믿고 사려는 사람들도 점점 많이 몰려들어. 심지어 큰돈을 벌어보겠다는 욕심으로 대출까지 받아 투자하는 사람도 있겠지. 하지만 버블이 꺼지는 순간 망할 수밖에 없어. 이미 가격이 떨어진 집과 주식을 팔아도 은행에 진 빚을 갚을 수가 없고 금리(대출 이자)까지 오르면 빚은 어느새 산더미처럼 불어나게 되거든.

버블 붕괴가 몇 년마다 한 번씩 일어나는 이유는 어떤

자산에 버블이 만들어지려면 시간이 필요하기 때문이야. 이 시간 동안엔 가격이 오를 것이라 기대하는 사람들이 너도나도 투자하려고 모여들어 버블은 점점 커져. 하지만 가격이 너무 올라 투자하려는 사람들이 줄기 시작하면, 사람들은 그제야 정신을 차리고 가격이 더 떨어지기 전에 너도나도 팔아 버리려고 하기 때문에 가격은 점점 더 떨어지게 되는 거지.

만일 단번에 큰돈을 벌고 싶은 마음이 든다면, 투자가 아니라 위험한 투기라는 것을 잊지 말아야 해.

## 수익이 높은 투자일수록 투자한 돈을 잃어버릴 가능성도 큰 법이거든.

# 투자를 하기 위해 꼭 알아둘 것들

투자를 하려면 나라 전체의 경제 상황이 어떤지를 알고 있어야 해. 경제가 불안할 때 잘못 투자하면, 큰 손해를 보거나 자산이 아예 사라져 버릴 수도 있어.

또 **환율**의 변화에 대해서도 관심을 가져야 해. 우리나라는 해외로 수출하는 산업이 경제를 이끌고 있기 때문이야.

## 환율이란 세계 여러 나라의 다양한 화폐들을 서로 교환할 때 적용하는 비율이야.

나라마다 사용하는 돈이 다르기 때문에 기준이 정해져 있지 않으면 큰 혼란이 생겨. 각 나라의 돈을 살펴보면, 우리나라의 **원**, 미국의 **달러**, 일본의 **엔**, 중국의 **위안** 등이 있어. 이런 돈들을 서로 바꿀 때 기준이 되는 것은 미국의 달러야.

어느 나라 돈이든 달러와 교환하는 비율을 **기준 환율**로

삼고 있지. 예를 들어 미국 돈 1달러를 얻기 위해 1,000원을 지불해야 한다면, 우리나라 기준 환율은 1달러당 1,000원이야. 이때 일본 엔화의 기준 환율이 1달러당 100엔이라면, 우리나라 돈 1,000원은 일본 돈 100엔과 맞바꿀 수 있게 되지.

제2차 세계대전이 끝날 무렵 미국은 세계 최고의 강대국으로 떠올랐어. 그리고 달러를 **기축통화**로 만들었지. 기축통화란 나라와 나라 사이에 거래할 때 기본이 되는 화폐를 말해.

달러 환율이 오른다는 것은 1달러와 바꾸기 위해 우리나라 돈이 더 필요하다는 뜻이야. 우리나라 돈 1,000원이 1달러였다가 환율이 오르면 1,300원이 되기도 하거든. 이것은 우리나라 돈이 달러에 비해 가치가 떨어지고 있다는 말이기도 해.

미국 달러에 더욱 큰 힘을 실어 준 나라는 **사우디아라비아**야. 세계적으로 가장 많은 석유를 수출하고 있는 사우디아라비아는 1974년 미국과 특별한 협정을 체결했어. 강대국인 미국이 사우디아라비아의 안전을 지켜 주는 대

가로 석유 가격을 무조건 달러로만 받기로 한 거지. 그 결과 달러가 없는 나라는 사우디아라비아로부터 석유를 수입할 수 없게 되었어. 현대 사회에서는 석유가 없으면 거의 모든 산업이 멈출 수밖에 없어. 자동차도 움직이지 못하고 공장도 돌아가지 않을 테니까.

사우디아라비아가 석유 대금으로 달러만 받기 시작하자 모든 나라들이 달러를 가지려고 하면서, 달러는 더욱 귀한 돈이 되었어. 그리고 미국의 힘은 더 커졌지.

우리나라도 1997년 달러가 부족해져 큰 위기를 맞은 적이 있어. 당시 환율은 1달러당 850원 정도였지. 현재의 환율이 1달러당 1,300원 정도인 것과 비교하면 큰 차이지. 당시엔 우리나라 돈의 가치가 높았던 거야.

우리나라에서 자동차나 전자제품을 수출할 때 환율이 1달러당 850원일 때보다는 1,300원일 때 더 잘 팔려. 똑같은 100만 원짜리 텔레비전이라도 환율이 높을 때 사면 더 적은 달러를 내도 되기 때문이지.

그렇기 때문에 환율이 너무 낮으면 수출하기 어렵고 우리나라로 들어오는 달러도 부족해져. **무역 적자**가 생기는

거야. 무역 적자란 수출보다 수입이 많아지는 것을 뜻해.

**무역 적자가 계속 되면,
외국인 투자자들은 우리나라의
경제 사정이 나빠진다고
생각하고 대출해 준 돈이나 투자금을
돌려받으려고 해.**

가뜩이나 달러가 부족한 상황에서 외국인 투자자들이 투자금을 빼려고 하면, 정부든 기업이든 도저히 견딜 수 없게 돼.

1997년에는 달러 대출을 받아 투자한 많은 기업들이 <u>파산</u>했고, 일자리를 잃은 사람들도 많았어. 또 외국인들이 그동안 투자했던 달러를 챙겨 떠나는 바람에 시중에 달러가 부족해져 환율이 크게 치솟았지. 몇 달 사이에 원화의 가치가 뚝 떨어져 환율은 1달러에 850원에서 1,900

원 정도까지 가파르게 올랐어.

  정부는 환율이 치솟는 것을 막으려고 가지고 있던 달러를 시장에 계속 내놓았지만 역부족이었지. 다행히 IMF(국제통화기금)로부터 달러를 빌려 겨우 해결할 수 있었어. 이후 우리나라 정부는 4천 억이 넘는 달러를 보유하면서, 경제 상황에 따라 환율을 조정하고 있어.

  만일 환율이 계속 오르고 있다면, 잠시 투자를 멈추어야 해. 1997년 일어났던 위기처럼 경제가 갑자기 나빠지고 있다는 신호일지 모르기 때문이야. 외국에서는 심각한 경제 위기가 발생하면 은행의 예금을 찾는 것조차 금지하기도 해. 그러면 주식과 집값이 폭락해 빚을 내 투자한 사람들은 파산하게 되지. 따라서 경제 위기의 조짐이 보이면 위기가 지나간 다음 투자해도 늦지 않는다는 마음으로 기다리는 게 현명해.

  얼마 전인 2022년 **러시아·우크라이나 전쟁**이 시작되자 우리나라의 환율이 치솟기 시작했어. 이 전쟁은 우리나라뿐만 아니라, 전 세계 경제에 충격을 주었지. 전쟁이 나자 모두 안전한 자산인 달러를 가지려고 하는 바람에

어느 나라에서나 환율이 올랐어.

  또 전쟁을 벌이는 두 나라는 그동안 전 세계에 석유나 곡물 같은 **원자재**를 공급해 온 곳이었어. 그렇기 때문에 전쟁으로 석유, 천연가스, 밀, 해바라기 기름, 견과류 같은 원자재의 수출을 중단하거나 줄여 버리면서 전 세계의 물가가 크게 올랐지. 유럽은 난방비가 10배나 올랐고, 우리나라도 석유, 밀가루, 식용유 값이 큰 폭으로 올랐어. 빵을 만들어 팔아봤자 재료값이 너무 비싸 남는 게 없다고 문 닫는 빵집도 나타나기 시작했지.

  그렇다면 이런 위기의 상황에는 어떤 투자자가 수익을 낼 수 있을까? 바로 평소 원자재에 꾸준히 투자해 온 사람들이야. 원자재에는 석유, 천연가스, 농산물, 금, 은, 구리 등이 있어. 최근에는 아무리 금리가 오른다 해도 은행에 100만 원을 맡겼을 때 1년 동안 5만 원(5%) 이상의 이자를 받기는 어려워. 또 금리가 오를 때는 주식의 가격이 내리기 때문에 100만 원을 주고 산 주식 가격이 80만 원이 될 수도 있고 70만 원이 될 수도 있지. 주식은 크게 오르는 만큼 크게 떨어지기도 하기 때문이야.

하지만 이런 위기가 오기 전에 미리 100만 원으로 원자재를 사 두었다면 손해가 아니라 큰 이득을 볼 수 있지. 위기가 닥치면 항상 원자재의 가격은 오르기 마련이거든.

## 금과 은은 달러가 기축통화로 자리 잡기 전부터 세계 어디서나 화폐처럼 쓰이던 금속이야.

특히 금화나 금덩어리가 있으면 어디를 가든 시장에서 파는 물건은 거의 살 수 있지.

금은 귀금속으로도 가치가 있지만, 컴퓨터나 스마트폰에 들어가는 반도체 산업에도 꼭 필요해. 미래 산업에 필요한 금속인데도 캐낼 수 있는 양은 점점 줄어들기 때문에 가격이 오를 수밖에 없지. 물론 금값도 떨어지는 시기가 있기는 해. 사람들이 항상 금을 사려고 하지는 않기 때문이야.

하지만 길게 보면 가격이 계속 오를 수밖에 없는 원자

재가 금이야. 은도 금처럼 아주 오랫동안 화폐로 쓰였고, 귀금속이나 산업용으로 꼭 필요하지.

사실 금과 은보다 역사가 더 오래된 원자재는 <u>구리</u>야. 구리는 인류가 석기 시대 다음으로 <u>청동기 문명</u>을 개척할 수 있도록 도와준 금속이거든. 당시 구리는 전쟁에 쓰일 무기, 농기구, 사냥에 쓸 화살촉을 만드는 데 꼭 필요한 귀한 금속이었어. 지금도 구리는 동전, 전선, 수도관, 반도체, 모터 등을 만드는 재료로 중요한 역할을 하고 있지. 또 총탄을 만드는 데도 쓰이기 때문에 전쟁 같은 위기 때 오히려 가격이 오르는 대표적인 원자재야.

그래서 전 세계의 많은 투자자들은 원자재 투자를 하고 있어. 갑자기 경제 위기가 찾아와 투자한 주식, 각종 금융 상품, 땅, 집의 가격이 폭락할 경우에 대비하기 위해서야. 자산 가격이 크게 떨어지면 당장 돈이 필요해도 자산을 팔기가 쉽지 않아. 사려는 사람이 나타나지 않을 뿐만 아니라, 나타난다 해도 값을 크게 깎아 헐값에 사려고 하기 때문이지. 이런 경우 금이나 은에 투자해 두었다면 그것을 팔면 돼. 위기가 찾아와도 원자재 가격은 잘 떨어

지지 않거나 오히려 오르기 때문이지.

  요즘은 금과 은뿐만 아니라, **곡물** 회사에 대한 투자도 늘어나고 있어. 어떤 사람들은 직접 농토를 사들여 식량을 생산하기도 해. 앞으로 곡물 가격이 크게 오를 것으로 기대하기 때문이야.

  우리나라는 오히려 인구가 줄고, 쌀값도 떨어지는데 이게 무슨 말이냐고? 그래서 투자를 할 땐 **세계 뉴스**도 살펴보고, 환율에도 관심을 가져야 하는 거야.

## 전 세계적으로 인구는 계속 늘어나는 데 비해, 기후 변화나 전쟁으로 곡물 생산은 줄고 있어.

  **지구온난화**로 극지방의 얼음이 녹아 농토가 물에 잠기거나 반대로 사막으로 변하는 현상이 계속 심해지고 있거든. 최근엔 히말라야 산맥의 눈이 녹으면서 그 아래 있는 파키스탄의 3분의 1이 물에 잠기는 큰 홍수가 일어나기도 했어. 이렇게 식량을 생산할 수 있는 땅이 줄어들면, 그만큼 식량이 귀해지고 식량 산업의 이익은 더 늘어날 거야.

  자, 그럼 지금부터는 투자하기 전에 미리 알아두어야 할 것들을 다시 한번 정리해 볼게. 첫째 환율에 대해 알아보고, 지금이 투자하기 적당한 때인지를 판단해야 해. 둘째 경제가 불안한 시기가 아니라고 생각되면, 일단 가장 안전한 투자인 은행 예금에 자산의 일부를 맡겨야 해. 셋째 남은 자산이 있다면 이익을 크게 낼 수 있는 주식에 투자하는 거야.

  마지막으로 살펴볼 것은 원자재야. 갑자기 경제가 불안해져 주식 가격이 떨어질 때를 대비해 원자재에도 조금 투자를 해 두어야 하거든. 원자재는 주식이 폭락하는 경제 위기가 와도 값이 크게 떨어지지 않고, 오히려 올라가는 경우가 많아.

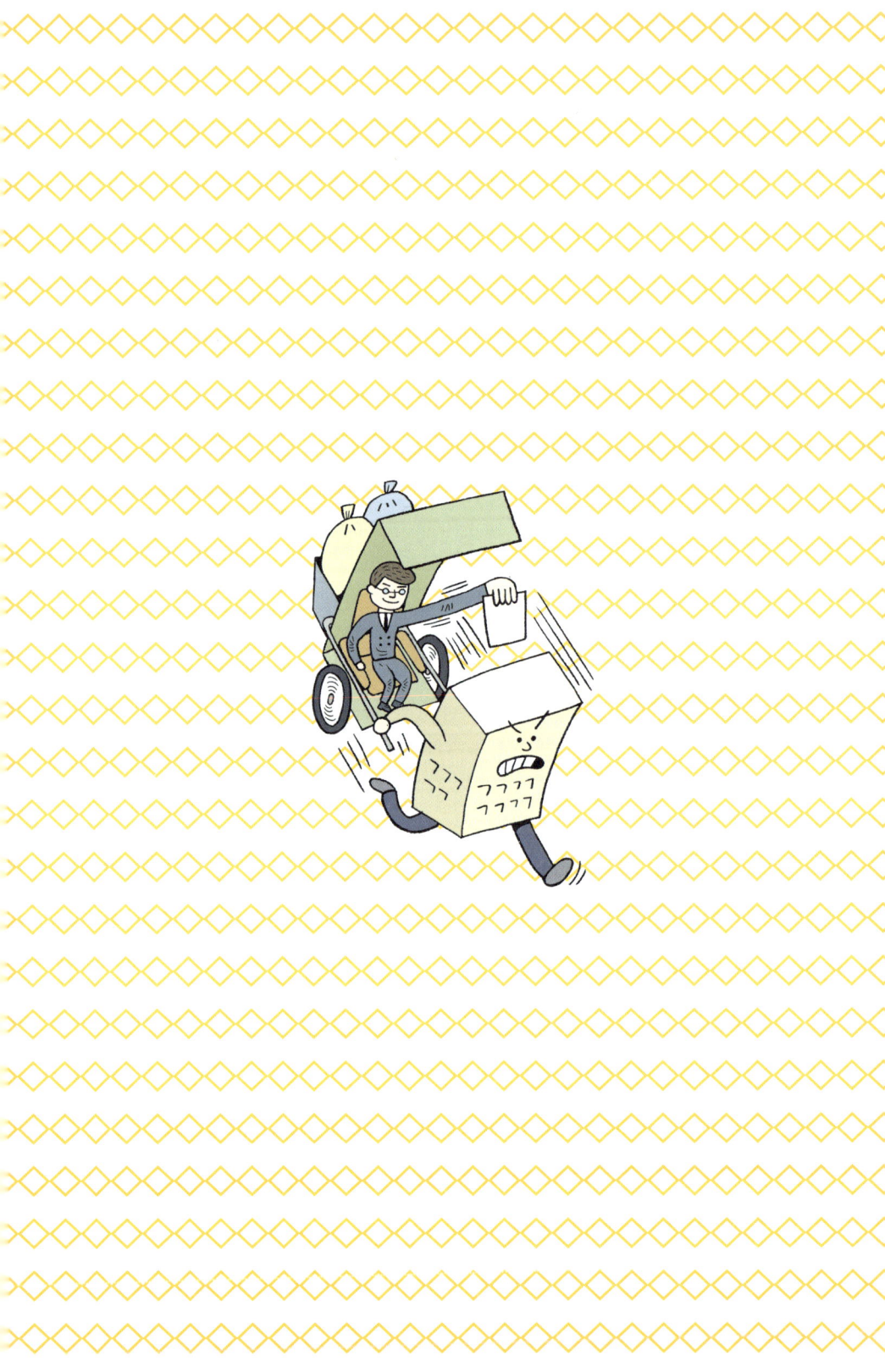

# 안전한 투자는 어떤 것일까?

은행에 저축하는 방법은 크게 **예금**과 **적금**으로 나눌 수 있어. 예금은 다시 **보통 예금**과 **정기 예금**으로 나뉘지.

보통 예금은 아무 때나 자유롭게 돈을 맡기고 찾을 수 있어. 은행 입장에서는 고객이 언제 돈을 찾아갈지 모르기 때문에 다른 곳에 대출해 주고 이자를 받기 어려워. 그래서 보통 예금은 이자가 낮지.

정기 예금은 한 번에 목돈을 일정한 기간 동안 맡기는 거야. 그 기간 동안 은행은 고객이 맡긴 돈을 다른 곳에 대출해 주고 이자를 받지. 그 이자 중 일부를 고객에게 주기 때문에 정기 예금은 보통 예금보다 높은 이자를 줄 수 있는 거야.

적금은 대부분 1년 이상 다달이 정해진 돈을 저축해서 목돈을 모으는 거야. 예를 들어 매달 10만 원씩 3년 동안 저축하면 원금 360만 원과 그에 따른 이자를 받을 수 있지.

은행에서 연 3퍼센트 금리라는 것은 1년 동안 100만원을 맡겼을 경우 그중 100분의 3에 해당하는 3만 원을 이자로 주겠다는 뜻이야.

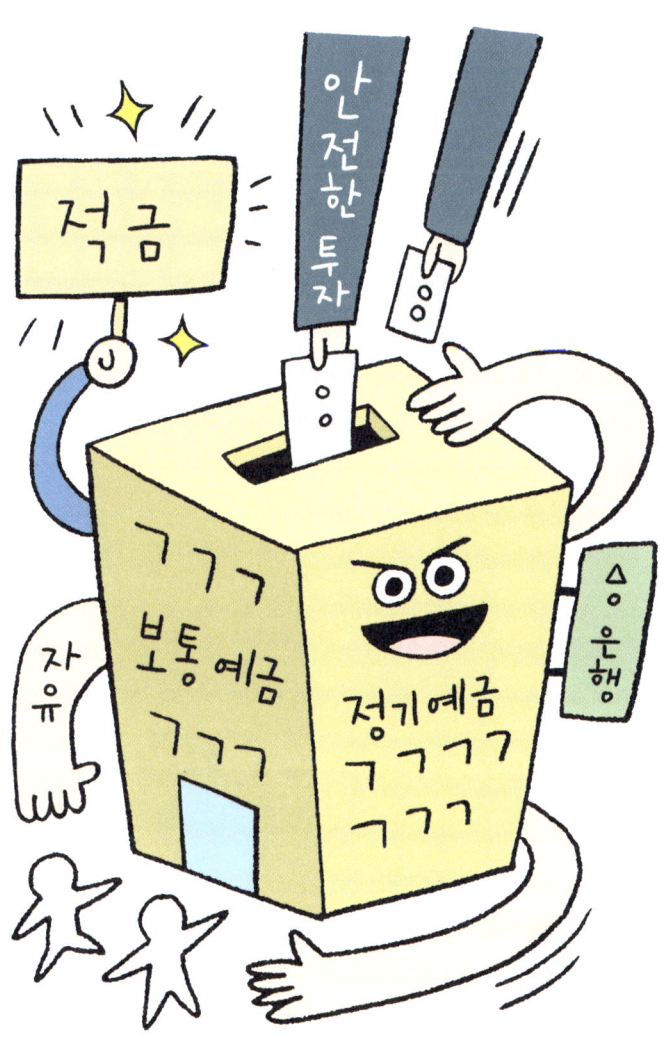

## 은행의 이자를 계산하는 방법은 단리와 복리 두 가지야.

<u>단리</u>는 원금에다가 정해진 이자만 더해 주지. 예를 들어 연 3퍼센트 이자를 주는 정기 예금에 100만 원을 맡겼다면 1년에 3만 원씩 3년 후엔 9만 원의 이자를 받을 수 있어. 즉 3년 후에 109만 원을 찾는 거야.

그런데 똑같이 연 3퍼센트 금리로 정기 예금에 가입해도 3년 후 약 109만 5천 원을 받는 사람도 있어. 왜냐하면 <u>복리</u> 이자가 붙는 정기 예금에 가입했기 때문이야. 복리는 정해진 기간 동안 붙은 이자에 대해 또다시 이자가 붙는 것을 말해. 그래서 해마다 3만 원씩 붙는 이자에 대한 이자가 또 붙어서 3년 후엔 약 5천 원을 더 받는 거지.

이자는 맡기는 금액이나 기간, 단리인지 복리인지에 따라 많이 달라져. 그렇기 때문에 예금 상품을 고를 때는 어떤 방식으로 이자가 붙는지 꼭 확인해야 해.

정기 예금에 가입해 이자를 다 받으려면 정해진 기간

(만기)이 될 때까지는 돈을 찾지 않아야 해. 만일 약속한 기간 전에 돈을 찾게 되면 이자율이 매우 낮아져. 그럼에도 예금이나 적금을 안전한 투자라고 하는 이유는 은행이 망하지 않는 이상 원금과 이자를 받을 수 있고, 설사 은행이 망해도 예금한 돈은 돌려받을 수 있기 때문이야.

예금자보호법에 따르면, 정부는 하나의 은행당 최대 5천만 원까지 국민이 맡긴 돈을 보호해 줘. 따라서 1억을 예금하려는 사람은 한 은행에 돈을 전부 맡기기보다는 2개의 은행에 각각 5천만 원씩 나누어 맡기는 것이 더 안전해.

예금에 투자할 때는 많은 돈을, 오랫동안, 높은 복리 이자로 맡길수록 수익이 더 크다는 사실을 기억해야 해.

## 예금 다음으로 안전한 투자는 채권이야.

채권은 정부나 공기업, 금융기관, 회사 등이 국민에게

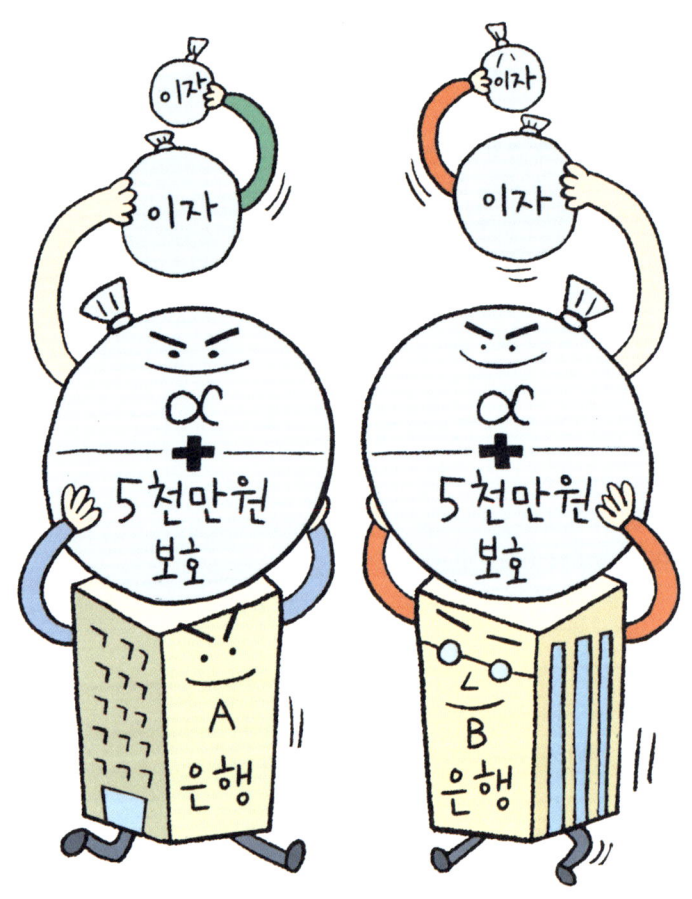

돈을 빌릴 때 발행하는 증서야. 이 증서에는 빌린 액수, 갚을 날짜, 지급할 이자가 기록되어 있어. 즉 100만 원짜리 채권을 발행하는 것은 "100만 원을 빌려 주면 ○○년 ○월 ○일까지 ○퍼센트 이자를 붙여 갚겠습니다."라고 약속한 증서를 파는 거야.

채권 중에서 정부가 발행하는 채권은 특별히 **국채**라고 해. 정부는 세금을 거두어 나라 살림살이에 필요한 돈을 마련하지만 그래도 돈이 부족할 수 있어. 그렇다고 무조건 세금을 올리면 국민들이 힘들기 때문에 국채를 팔아 비용을 마련하는 거야.

국채는 나라가 망하지 않는 이상 반드시 이자와 함께 돌려받을 수 있기 때문에 예금이나 마찬가지로 안전해. 단 돈을 돌려받기까지 적어도 1년 이상 투자해야 하고, 이자도 낮은 편이지. 그리고 발행하는 양도 적어 개인이 사기는 쉽지 않아. 또 예금처럼 중간에 해지하고 돈을 찾아갈 수 없어. 대신 다른 사람에게 팔 수는 있지.

예를 들어 내가 100만 원짜리 채권을 가지고 있는데 돈이 필요하면 다른 사람에게 99만원이든 98만원이든 원하는 가격을 받고 팔면 돼. 물론 채권이 인기 있을 때는 실제로 산 가격보다 더 높은 가격으로 팔 수 있어.

단 채권 가격과 금리는 반대야. 즉 금리가 오를 때는 채권 가격이 떨어지지. 금리가 오르면 은행에 예금하려는 사람들이 많기 때문에 채권은 인기가 없어지는 거야. 이런 때는 100만 원짜리 채권이 95만 원에 팔릴 수도 있지. 채권 투자가 안전하다고 하지만, 이렇게 되면 원금을 5만 원이나 까먹을 수 있으니 주의해야 할 거야.

### 채권 투자를 할 때 중간에 이자를 자주 받고 싶으면 회사채를 사면 돼.

**회사채**는 기업이 사업 자금을 마련하기 위해 발행하는 증서야. 회사채는 주식을 사는 것과 마찬가지로 기업에 직접 투자하는 방법 중 하나지. 주식은 가격이 크게 떨어지면 큰 손해를 보지만, 채권은 가격이 떨어져도 만기 때

까지 가지고 있으면 약속한 원금과 이자를 받을 수 있어서 비교적 안전한 투자법이라 할 수 있지.

　게다가 회사채는 이자를 3개월마다 주는 경우도 많고, 심지어 매달 주는 것도 있어. 만기 때까지 원금을 안전하게 지키면서 중간 중간 이자를 자주 받고 싶다면 회사채에 투자하는 것도 좋아. 단 회사가 망하면 채권 역시 원금을 찾기 어렵기 때문에 투자하기 전에 반드시 회사의 **신용등급**을 알아보아야 해. 신용등급이란 채권을 발행하는 회사가 돈을 돌려줄 수 있는 능력을 나타낸 것이야.

　세계적으로 믿을 만한 **신용평가기관**들은 채권을 발행하는 나라나 기업을 조사해서 신용등급을 발표하고 있어. 등급이 높을수록 안전한 투자처라고 볼 수 있지.

　최고 등급은 AAA(트리플에이)이고, AA(더블에이)나 A(싱글에이)로 알파벳 수가 줄어들수록 등급은 조금씩 낮아져. 또 B, C, D로 내려갈수록 신용등급은 더욱 낮아지지. 보통 BBB 이상은 원금을 되돌려 줄 능력이 있다고 평가된 등급이고, BB부터는 위험하다고 평가된 등급이야.

　특히 D로 평가 받은 회사는 이자는 물론이고 원금도

지급할 능력이 없다고 보아야 해. 물론 처음부터 신용등급이 D인 회사의 채권을 사는 사람은 없어. 보통 신용등급이 낮을수록 아주 높은 이자를 주기 때문에 등급이 B나 C인 회사의 채권을 샀는데, 회사 사정이 더 나빠지면서 D가 되는 거야. 따라서 채권을 발행한 회사가 신용등급을 잘 유지하고 있는지도 수시로 살펴보아야 해.

어떻게 보면 채권은 개인이 사기도 쉽지 않고, 신용등급도 잘 알고 있어야 하니까 투자하기가 어려워. 마치 석유나 곡물 같은 원자재에 개인이 투자하기 어려운 것과 마찬가지야. 이런 경우엔 까다로운 투자를 은행이 대신해 주는 금융상품을 이용하면 돼. 대표적인 경우가 **펀드**야.

펀드는 예금에 가입하듯 은행에 가서 통장을 만들면 돼. 한 번에 큰돈을 맡길 수도 있고, 매달 정해진 날짜에 일정한 금액을 맡길 수도 있어. 어떤 펀드는 수시로 돈을 맡기고 찾을 수도 있지.

펀드가 예금과 가장 크게 다른 점은 **원금 보장**이 안 된다는 사실이야. 펀드는 주식, 채권, 원자재 등에 직접 투자하기 어려운 사람들의 돈을 모아 전문가가 대신 투자해 주는 상품이지. 따라서 가입한 펀드에서 투자하고 있는 주식, 채권, 원자재 등의 가격이 크게 떨어지면 원금을 잃을 수 있어. 대신 투자한 자산의 가격이 오르면 펀드도 크게 오르지.

## 펀드의 장점은 적은 돈으로 다양한 자산에 투자할 수 있다는 거야.

   펀드를 크게 네 가지 종류로 나누어 보자면, 주식에만 투자하는 주식형 펀드, 채권에만 투자하는 채권형 펀드, 두 가지 모두에 투자하는 혼합형 펀드, 원자재와 부동산 등에 투자하는 기타 펀드가 있어.
   이 중에는 지금 한창 성장 중인 나라의 주식에 투자하는 펀드도 있어. 세계 경제가 좋을 때 이런 펀드는 짧은 기간 동안 원금이 몇 배로 불어나기도 해. 하지만 세계 경제가 흔들리면 선진국 펀드보다 몇 배나 더 큰 피해를

입을 수 있지. 그러니 어떤 투자든 이익이 클수록 위험도 크다는 사실을 잊지 말아야 해.

수많은 펀드 중 무엇을 골라야 할지 망설여진다면 어떻게 해야 할까? 은행에서 추천을 받을 수도 있겠지. 하지만 그건 별로 좋은 방법이 아니야. 은행은 투자회사의 펀드를 대신 팔아 주고 수수료를 받는 곳이거든. 따라서 고객의 입장에서 좋은 펀드보다는 자신들에게 많은 수수료를 주는 펀드를 추천하기 쉬워.

좋은 펀드를 고르려면 금융투자협회 홈페이지에 들어가서 금융상품 비교공시를 살펴보는 것이 좋아. 여기에서 자신이 찾는 펀드의 조건을 선택하면, 여러 투자회사의 상품들을 찾아 주거든.

**좋은 펀드란 운영하는 자산 규모가 크고, 수익률은 높고, 수수료는 적은 거야.**

이 모든 정보가 금융투자협회 홈페이지에 나와 있으므로 잘 살펴보고, 여러 가지 상품을 비교해 본 후 선택해야겠지. 가능하면 생긴 지 3년 이상 되고 꾸준히 높은 수익률을 보여 주는 상품으로 고르는 것이 좋아.

# 주식회사란 뭘까?

우리는 매일 많은 물건을 사용하고 다양한 서비스를 이용해. 우리가 입고 쓰는 옷, 신발, 휴대전화, 컴퓨터 그리고 매일 먹는 우유, 빵, 초콜릿, 자주 이용하는 버스, 지하철, 엘리베이터, 에어컨 같은 것들이 없다고 상상해 봐. 아마 직접 농사를 짓거나 걸어 다니고, 부채질을 하며 살아야 할지도 몰라.

다행히 이런 물건을 만들고, 전기와 교통 시설을 이용할 수 있게 해 주는 회사가 있어서 편안하고 쾌적한 생활을 할 수 있지. 게다가 회사는 일자리를 만들어 사람들이 돈을 벌 수 있고, 주식을 발행해 투자도 할 수 있게 해 주지.

서양에서는 기원전 **로마 시대**부터 회사가 있었어. 로마에선 시민들이 자본을 모아 건설회사를 세운 뒤 나라에서 주문한 다리나 신전을 세우고 돈을 받았어. 그리고 이렇게 받은 돈은 서로 나누어 가졌지. 화폐가 일찍부터 사용되고 있어서 사람들이 수익을 나누어 가지는 데 큰 도움이 되었어. 만일 나라에서 금덩어리, 곡식, 옷감 같은 것으로 건축 비용을 지불했다면, 투자자들이 이것을 정확한 비율로 나누기 어려웠을 거야.

15세기 무렵이 되자 유럽에서는 큰 변화가 일어났어.

## 신대륙을 찾아나서는 대항해 시대가 열리면서 평민들도 돈 벌 기회가 생긴 거야.

새로운 대륙에는 물자가 엄청나게 많았지. 사람들은 돈을 모아 배를 사거나 빌려 신대륙으로 몰려갔어. 그곳에서 엄청난 황금과 곡물, 커피 등을 헐값에 사들인 다음, 돌아와 팔면 큰 부자가 될 수 있었어.

물론 처음에는 왕실이나 귀족들만 신대륙의 물자를 차지할 수 있었어. 하지만 대서양을 건너가 신대륙의 원주민들과 전쟁을 치르고 물자를 빼앗아오려면 많은 자본이 필요했지. 왕실이나 몇몇 귀족이 가진 돈으로는 부족했어. 결국 신대륙 개척에 가장 앞서 가던 영국과 네덜란드는 모든 국민으로부터 투자를 받기로 결정했어.

그리고 이 일을 위해 동인도 회사를 세웠지. 국민들은 배가 난파되면 투자금을 한 푼도 건질 수 없다는 사실을 알면서도 너도나도 투자하려고 몰려들었어. 동인도 회사의 무역선이 안전하게 돌아오기만 하면, 얻는 이익이 아주 컸기 때문이야.

무역선에는 아메리카와 아시아 대륙 주민들로부터 강탈해 온 금, 은, 차, 향신료, 커피, 설탕 등이 가득했고, 이것을 팔면 투자한 돈의 몇 십 배나 되는 이익을 올릴 수 있었어.

그런데 막상 네덜란드의 동인도 회사는 고민이 많았어. 투자자의 수가 너무 많았기 때문이야. 이 많은 사람들한테 투자금에 따른 이익을 정확하게 돌려주는 일은 쉽지 않았지. 이들 중에는 전 재산을 팔아 투자하거나 큰 빚을 낸 사람들도 많았기 때문에 수익을 나눌 때 조금이라도 문제가 생기면 커다란 소동이 일어날 것이 뻔했어. 그래서 투자한 자금을 정확히 기록한 증명서를 발행해 주기로 했지.

투자자는 증명서를 가지고 있다가 나중에 배가 돌아오면 문서에 표시된 투자금과 그에 따른 이익을 돌려받으

면 되는 거야. 이 문서는 투자한 자금에 대한 증명서이자 투자한 금액에 따라 이익을 얻을 권리의 보증서로, 최초의 주식이라 할 수 있어. 또 이 증서를 발행한 동인도 회사는 역사상 최초의 주식회사이지.

> **동인도 회사의 사례에서도 알 수 있듯이 회사를 세우는 데는 많은 돈이 필요해. 따라서 주식을 발행해 자금을 마련하는 경우가 많아.**

예를 들어 손의 힘이 10배 세어지게 만드는 장갑을 발명했다고 생각해 봐. 이 장갑을 대량 생산하려면 공장도 지어야 하고, 일할 직원도 채용해야 해. 그리고 상품의 홍보도 해야 하고 고객에게 배송도 해야 하지. 재료비나 공장 건축비뿐만 아니라, 직원들에게 줄 비용을 마련하려면, 큰돈이 필요해. 만일 이 돈을 전부 혼자 마련해야 한다면, 아마 평생 아무런 사업도 할 수 없을 거야. 이럴 땐 네덜란드의 동인도 회사처럼 주식회사를 세우면 돼.

회사를 세웠다면, **주식 거래**를 해도 되는 회사인지 **증권 거래소**의 심사를 받아야 해. 이 심사를 통과하면, 주식을 사고파는 시장에 회사를 등록하고 드디어 일반 투자자들에게 주식을 팔 수 있어. 이런 과정을 가리켜 주식을 **상장**한다고 하지. 회사는 주식을 판 돈으로 사업을 더욱 크게 발전시킬 수 있는 거야.

물론 앞에서 이야기한 대로 회사채를 발행하는 것도 좋은 방법이야. 단, 정해진 기간이 되면 회사채를 산 사람에게는 원금과 이자를 반드시 돌려주어야 해. 회사채는 빚을 지는 것이나 마찬가지이기 때문이야. 하지만 주식을 발행해 팔면, 나중에 원금을 돌려줄 필요가 없어. 주식을 산 사람을 **주주**라고 하는데, 주주는 회사채를 산 사람처럼 회사에 돈을 빌려준 것이 아니야. 주식을 산 순간부터 회사의 주인이 된 거지. 따라서 그 회사에 대한 권리를 주장할 수 있어.

예를 들어 주주는 **주주총회**에 참석해 투표할 권리가 있어. 주주총회란 회사에서 벌어지는 중요한 일을 결정하기 위해 주주들이 모두 참석하는 회의야. 회사가 1년 동안 벌어들인 돈 중 얼마를 **배당금**으로 받을지도 주주총회에서 결정해.

배당금은 보통 1년에 한 번 지급하는데, 3~4번으로 나누어 지급하는 회사도 있어. 가끔은 주주총회에서 배당금을 받지 않기로 결정하기도 해. 회사에서 수익을 내지 못해 줄 돈이 없거나, 새로운 **제품 개발**이나 **공장 건축**에 투자하기 위해서야. 간혹 불평하는 주주들도 있겠지만, 주식을 조금 가지고 있다면 자신의 주장을 펼치기 어려워. 가지고 있는 주식 수가 적으면 **투표권**도 적기 때문이야. 하지만 단 1주를 가지고 있어도 그에 대한 배당금은 정확히 받을 수 있으니 걱정하지 않아도 돼.

주주총회에서 배당금을 지급하지 않기로 했다고 해서 슬퍼할 필요는 없어. 보통 첨단 사업에 뛰어들어 빠르게 성장하는 기업들은 계속 공장을 더 짓고, 우수한 연구자와 기술자들을 채용해야 하기 때문에 배당금을 제대로 주지 못하는 경우가 많거든.

  하지만 사업이 꾸준히 성장하고 있고, 곧 큰 이익을 낼 기업이라는 평가를 받으면 사람들이 앞다투어 주식을 사려고 몰려들 거야. 그래서 주식 가격이 계속 오르기 때문에 배당금을 받지 않아도 주식을 팔아 이익을 얻을 수 있지. 물론 가장 좋은 것은 주식 가격도 오르고 배당금도 많이 받는 것이겠지?

# 주식 투자는 어떻게 하는 걸까?

1주든 100주든 주식을 산 순간부터 우리는 그 회사의 주주가 돼.

## 주주란 회사의 주인으로서 자격을 가지고 있는 사람이야.

직접 회사를 세우지 않았지만, 회사에 내 돈을 투자했기 때문에 투자한 돈(구입한 주식 수)에 따라 수익을 나누어 받을 자격도 있지.

어린이도 주주가 될 수 있지만, <u>주식 거래 통장</u>을 만들 때 부모님의 허락과 도움이 필요해. 이것은 뒤에서 자세히 알아볼 거야. 그전에 주식이 거래되는 시장에는 어떤 것이 있는지부터 살펴볼게.

## 우리나라 주식 시장은 크게 코스피와 코스닥으로 나뉘어.

## 코스피는 주로 대기업의 주식을 사고파는 시장이고, 코스닥은 중소기업의 주식을 사고파는 시장이야.

주식 거래는 대부분 온라인으로 이루어지지만, 만약 온라인에 접속할 수 없는 경우엔 주식 거래 통장을 개설한 **증권회사**에 전화를 걸어 **매매**를 신청하면 돼. 그런데 매매 수수료가 온라인으로 처리할 때보다 몇 배나 비싸므로, 추천하고 싶지 않은 방법이야.

주식을 사고팔기 전에 먼저 살펴볼 것은 **주가 지수**야. 주가 지수는 주식 시장이 어떤 방향으로 흐르고 있는지를 알려 줘. 우리나라의 주가 지수는 **코스피 지수**라고 해. 코스피 시장에 상장된 전체 기업들 중 규모가 크고 탄탄한 200여 개 기업의 주가를 전체적으로 반영한 뒤 일정한 공식에 따라 계산한 값이야.

코스피 지수의 변화를 알면, 수많은 기업들을 하나하

나 살펴보지 않아도 주식 시장의 상태가 어떤지를 알 수 있어. 만일 주가 지수가 전날보다 떨어져 파란색으로 표시되어 있다면, 내가 가진 주식들도 대부분 가격이 내려가고 있을 거야. 그런데 다른 주식들의 주가가 계속 떨어지는데도 가격이 올라 빨간색으로 표시되는 주식이 있다면, 그 기업에 특별히 좋은 일이 있다는 뜻이야. 기술 개발에 성공했거나 큰 계약을 따내 조만간 돈을 많이 벌 것으로 기대되는 경우지.

코스피 지수는 1980년 1월 주식 시장의 크기를 기준으로 하고 있어. 이때 주식 시장의 **시가총액**을 100으로 정했지. 시가총액이란 증권 거래소에 상장된 모든 주식의 가격을 더한 값을 뜻해. 만약 현재의 시가총액이 1980년 1월의 시가총액보다 2배 정도 올랐다면, 코스피 지수는 200이 돼. 그런데 이 지수가 계속 큰 폭으로 떨어지면 경제 상황이 안 좋다는 표시로 보아야 해.

미국 역사상 경제적으로 가장 힘들었던 1930년 초반에도 주가 지수는 큰 폭으로 떨어졌어. 미국의 주가 지수는 **다우 지수**라고도 해. 이때 다우 지수는 2년 만에 300이 넘게 떨어졌어. 많은 기업이 문을 닫았고, 은행은 절반 정도가 망했어. 그 결과 많은 사람들이 직장을 잃고 실업자가 되었지.

그런데 지난 몇 십 년 동안 주가 지수의 변화를 살펴보면, 주식에 투자하면 돈 벌 가능성이 크다는 것을 알 수 있어. 우리나라 코스피 지수는 1980년 100에서부터 출발해, 2021년에는 3,000을 넘어서기도 했어. 40년 사이에 무려 30배가 오른 거야. 쉽게 설명하면 여러분처럼 10대에 용돈을 모아 좋은 기업의 주식을 100만 원어치 사 두었다면 50살이 되었을 때 그 가격이 3천만 원 정도 된다는 말이지.

물론 매일매일 주가 지수를 들여다보고 있으면 오르는 날보다 내리는 날이 더 많을 거야. 주가 지수가 내려가고 내가 산 주식 가격이 떨어지면 **주식 투자**를 후회할 수도 있어. 하지만 최소한 3년 정도 시간을 가지고 관찰하면 주가 지수는 꾸준히 오른다는 사실을 알 수 있지.

만약 그 사이에 내가 투자를 한 기업이 우리나라를 대표할 정도로 성장했다면, 주식의 가격은 코스피 지수가

오른 것보다도 몇 배나 더 올라 있을 거야.

특히 경제가 좋아질 때는 주식 시장에 많은 투자자들이 몰려들기 때문에 주가가 크게 올라. 이럴 때엔 1년도 안 되어 지수가 몇 백이나 오르기도 해. 보통 10년 정도 사이에 이런 경우가 두세 번 찾아오기 때문에 좋은 기업의 주식을 오래 가지고 있으면 큰 이익을 볼 수 있어.

그렇다면 왜 주가 지수는 길게 보았을 때 계속 오르는 것일까? 2장에서 이야기했듯이 우리가 속한 자본주의 사회는 시간이 흐르면서 세상에 풀리는 돈의 양이 점점 많아져. 그리고 돈이 많아질수록 돈의 가치는 떨어지지.

하지만 좋은 점도 있어. 돈의 양이 많아지는 만큼 그 돈으로 많은 물건을 만들어 사고팔기 때문에 경제가 활발해지거든. 기업의 이익이 늘어나면 그만큼 직원들의 월급도 오르고 개인의 소득도 늘어나. 사람들이 늘어난 소득으로 주식 시장에 투자를 하면, 그만큼 주가도 오르겠지? 물론 기업의 이익이 늘어나기 때문에 주가가 오르기도 하지. 이런 이유들 때문에 주가를 바탕으로 계산한 주가 지수는 시간이 흐를수록 계속 오를 수밖에 없어.

## 하지만 주가 지수가 오른다고 해서 모든 기업의 주식 가격이 오르는 것은 아니야.

　세계적인 투자가인 <u>워렌 버핏</u>은 8살 때부터 주식에 대해 공부하기 시작했고, 11살 때부터 직접 주식 투자를 했어. 그런데 처음으로 산 주식 3개의 가격이 얼마 뒤 크게 떨어졌지. 버핏은 주식을 산 것이 후회되기도 하고 두렵기도 했어.

　'좀 더 싼 가격이 될 때까지 기다렸다가 살걸.'
　'다른 회사 주식을 샀어야 했는데.'
　'가격이 더 떨어지면 어떡하지? 어렵게 모은 돈을 투자했는데 다 잃어 버리는 것 아닐까?'
　버핏의 머릿속엔 여러 가지 생각이 들끓었어. 사실 주가는 수시로 떨어지기도 하고, 별 다른 이유 없이 오르기도 해. 회사의 경영에는 전혀 문제가 없는데도 말이야. 투자를 오래 한 사람들은 이 사실을 알기 때문에 좋은 기업의 주식을 샀다면, 주가가 조금 떨어져도 마음이 흔들리지 않아. 그런데 투자 경험이 없었던 버핏은 주가가 떨어지자 겁이 났어. 혹시 회사가 망하기라도 하면 주식은 휴지조각이 되어 버릴 테니까 말이야.

다행히 버핏이 투자한 회사의 주가는 다시 오르기 시작했어. 버핏은 얼른 주식을 팔아 3달러 정도를 벌었다고 해. 주가가 떨어져 손해 볼 뻔했는데, 3달러나 이익이 생겼으니 무척 기뻤지. 하지만 얼마 가지 않아 주식을 팔아 버린 것을 후회해야 했어. 주가는 이후에도 계속 올라 버핏이 팔았던 가격보다 몇 십 배나 뛰었기 때문이야. 이때부터 버핏은 좋은 기업의 주식을 사서 오랫동안 팔지 않는 방법으로 본격적인 투자를 시작해 큰돈을 벌었어.

여러분도 워렌 버핏처럼 오랫동안 투자할 만한 좋은 회사를 찾아야 해.

## 꾸준히 관심을 가지고 정보를 모으려면 평소 자주 접할 수 있는 회사가 좋아.

예를 들어 자신이 좋아하는 게임이나 웹툰을 만드는 회사 또는 인기 배우나 아이돌이 소속된 기획사도 좋지. 이런 회사들은 따로 공부하지 않아도 회사에서 어떤 일을 하는지 이미 알고 있고 이 회사들이 만든 제품이 사람들에게 얼마나 인기 있는지 누구보다 빨리 알 수 있을 테니까.

만약 투자하고 싶은 기업을 골랐다면, 인터넷 포털 사이트에 기업 이름을 넣고 검색해 봐. 여러 정보가 나올 거야. 그 안에는 현재 주가, 10년 동안 주가의 흐름, 배당금, 1년 동안 벌어들인 수익 등이 자세히 나와 있어. 또 최근 몇 년 동안 계속 이익을 냈는지 손해를 보았는지, 제품 개발에 어느 정도 자본을 투자하고 있는지도 알 수 있지. 계속 이익을 내면서 그 이익금을 더 좋은 제품 개발에 쓰는 기업이라면 주식을 사도 좋을 거야.

엄마와 마트에 갈 때도 <u>기업 정보</u>를 얻을 수 있어. 먹고 싶은 과자를 골라 카트에 담을 때 슬쩍 주변을 둘러봐. 사람들이 어떤 과자를 많이 사는지 관찰해 보는 거야. 그 다음 할 일은 이 과자들이 어떤 회사에서 만드는지 알아

내는 거야. 아마 대부분 상장된 주식회사에서 만들기 때문에 인터넷에 검색으로도 많은 정보를 알아낼 수 있어.

**몇 년째 계속 이익을 내며 성장 중이고, 은행의 금리보다 높은 배당금을 주는 기업이라면, 1주라도 사서 투자해 봐.**

그리고 그 기업이 성장하면서 주가도 오르는지 꾸준히 지켜보는 거야.

주식을 어떻게 사고파는지 잘 모르겠다고? 그렇다면 다음을 읽고 따라해 봐. 아마 여러분도 머지않아 성공적인 투자가가 될 수 있을 거야.

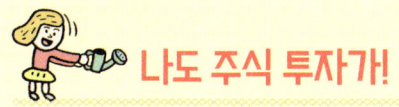 

## 나도 주식 투자가!

1. 증권회사나 증권회사와 거래할 수 있는 은행을 부모님과 함께 찾아간다.
- 준비할 서류 : 신분을 증명할 수 있는 기본증명서, 가족관계 증명서, 부모님이나 자신의 도장, 부모님 신분증

2. 증권 거래 계좌를 만들고 통장을 발급받는다. 이 통장에 돈을 넣어두면, 주식을 사고팔 때 돈이 빠져나가고 들어오는 과정이 모두 기록된다.

3. 통장을 만들 때 스마트 뱅킹을 신청하고 인증서를 발급받는다. 인증서는 온라인에서 본인의 신분을 증명하고 주식 거래를 하기 위해 꼭 필요하다. 컴퓨터에 주식 거래 프로그램을 깔거나 스마트폰에 주식 거래용 앱을 깔면 어디서나 편리하게 거래할 수 있다. 만일 스마트 뱅킹을 신청하지 않았다면, 필요할 때마다 증권회사를 찾아가거나 전화를 걸어 주식 거래를 해야 한다.

4. 온라인으로 주식 거래를 할 때는 먼저 투자할 회사의 이름을 검색해 선택한다. 이미 주식을 가지고 있는 회사라면 보유 중인 주식 목록을 열어 보고 회사 이름을 선택하면 된다. 이 회사 주식의 주가를 보여 주는 창이 열리면, 거래를 원하는 가격과 수량을 선택하고 살 때는 '매수', 팔 때는 '매도' 버튼을 누른다.

가끔 주식을 팔려고 했지만 매도가 아닌 매수 버튼을 누르는 실수를 할 수도 있다. 이때는 얼른 거래 창 윗부분에 있는 '체결 확인' 버튼을 눌러 취소해야 한다.

어이없지만, 주식 전문가도 매매 실수를 하는 경우가 가끔 있다. 매수와 매도 버튼을 바꾸어 누르기도 하고, 거래 수량에 0을 하나 더 붙여 입력하기도 한다. 예를 들어 100주를 팔려고 했는데 1,000주를 팔아 버리는 경우다. 일단 거래가 이루어지면 취소할 방법이 없기 때문에 주식 매매를 할 때는 집중해서 실수를 하지 않아야 한다.

5. 주식 시장은 공휴일이나 주말에는 열리지 않는다. 평일 오전 9시에서 오후 3시 30분 사이에만 열리므로, 이 시간 동안만 거래가 가능하다.

또 평소 사고 싶은 주식이 있으면 한꺼번에 사지 말고, 몇 번에 걸쳐 나누어 사는 것이 좋다. 예를 들어 A회사의 주식 30만 원어치를 사고 싶으면 5만원씩 6번에 걸쳐 주가가 조금 떨어질 때마다 사는 것이다.

주가는 수시로 변하기 때문에 가능하면 조금이라도 싼 가격일 때 사서 모아간다. 이렇게 모아 놓은 주식의 가격이 올라 은행이자보다 높은 이익을 남기게 되면, 조금씩 나누어 팔면 된다.

주가는 한번 오르기 시작하면 몇 배 이상 오르는 경우도 많으므로, 한꺼번에 다 팔지 않고 가격이 오를 때마다 조금씩 팔거나 일부는 오랫동안 가지고 있는 것도 좋다.

앞에서 예로 든 워렌 버핏은 우수한 기업의 주식을 사서 몇 십 년 동안 배당금을 받으며 팔지 않기도 한다.

기업에 문제가 없어도 주가는 한동안 계속 떨어질 수 있다. 이때 돈이 급하게 필요해 주식을 팔게 되면 손해를 볼 수밖에 없으므로, 주식 투자는 항상 여윳돈으로 해야 한다.

# 어떤 기업에 투자해야 할까?

## 주식 투자에서 가장 좋은 방법은 우수한 기업의 주식을 싸게 사서 오랫동안 배당금을 받는 거야.

10년 이상 가지고 있으면 주가가 10배도 넘게 오르는 경우도 많아. 우리나라의 대표적인 기업 중에는 지난 20여 년 동안 주주에게 30배 이상의 수익을 안겨 준 곳도 있어.

하지만 주식을 오래 가지고 있다고 해서 모든 기업의 주가가 오르는 것은 아니야. 아무리 우수한 기업이라 해도 **경영자**의 잘못된 판단으로 한순간 망해 버릴 수도 있거든. 기업이 망하면 그 기업의 주식은 휴지조각이 되고, 주주들의 투자금도 사라져 버려. 그런데 이런 일이 일어나지 않게 하려면 어떻게 해야 할까?

회사의 경영자가 올바른 가치를 추구하며, 정직하게 경영할수록 기업은 꾸준히 성장해. 물론 미래가 필요로 하는 제품을 생산하고 있는지도 중요하지. 예를 들어 컴

퓨터나 인공지능 제품에 꼭 필요한 **반도체**, 전기차에 꼭 필요한 **배터리** 등을 만드는 기업이라면 앞으로 몇 십 년 동안 꾸준히 제품을 팔아 수익을 낼 가능성이 크지.

　요즘은 평균 수명이 늘어나는 장수 시대이기 때문에 건강을 지켜 주는 **제약회사**의 주식도 인기가 많아. 특히 이미 개발된 약으로는 치료하기 어려운 유전자 치료 기업에 투자금이 몰리고 있지. 유전자 치료는 그동안 대형 제약회사들이 어마어마한 자금을 쏟아 붓고도 해결하지 못한 질병을 치료하고, 심지어 새로운 생명체를 만들어낼 수도 있어. 게다가 이런 기업은 큰 공장을 짓지 않아도 되고, 제품 개발에 성공하기만 하면 큰돈을 벌 수 있거든. 그래서 이 분야엔 **스타트업** 기업들이 많아.

**스타트업이란 이제 막 출발한 기업으로 성장 가능성이 크지만, 그만큼 파산할 가능성도 큰 기업이야.**

지금 세계 경제를 이끌어가는 애플, 페이스북, 아마존 같은 기업들도 처음엔 스타트업으로부터 출발했지. 이들의 첫 번째 사무실은 대부분 창고나 학교 기숙사였어. 만일 우리가 이런 스타트업의 주식을 초기에 싸게 사서 10년 이상 가지고 있다면, 수익을 낼 가능성이 크겠지.

그런데 스타트업은 실패할 가능성도 크기 때문에 항상 조심해야 해. 일부 투자자 중에는 스타트업에 대한 거짓 정보를 퍼뜨려 큰 이익을 보는 사기꾼도 있어. 어떤 스타트업이 굉장한 제품을 개발했다고 소문을 퍼뜨리고, 많은 사람들은 그것을 사실로 믿고 투자하도록 만들지.

스타트업은 생겨난 지 얼마 안 되는 기업이고, 사업 내용도 잘 알려지지 않은 경우가 많아 거짓 정보인지를 확인하기 어려워. 때문에 많은 사람들이 거짓정보에 속아 주가가 오를 것이라 기대하며 주식을 사면, 주가는 크게 올라. 사기꾼 투자자들은 이때를 놓치지 않고, 미리 싸게 사 둔 주식을 재빨리 팔아 버려. 이후 정보가 거짓으로 밝혀지고 주가가 폭락하면 비싼 가격에 주식을 산 사람들만 큰 손해를 보게 돼.

투자자는 스타트업의 경영자에 대해서도 충분히 조사해야 해. 거짓말로 투자자들의 돈을 가로채려는 사기꾼 경영자도 많기 때문이야. 미국의 엘리자베스 홈즈(Elizabeth Holmes)는 19살이던 2003년에 **테라노스**란 스타트업을 창업했어. 그리고 2012년엔 250가지 질병을 한번에 진단하는 '에디슨'을 개발했다고 발표했지. 에디슨은 손가락 끝을 찔러 나온 피 몇 방울로 질병을 진단해 주는 진단 키트였어.

집에서 자신의 질병을 간단하게 확인할 수 있다는 이 제품에 사람들은 뜨거운 관심을 보였지. 병원에서 종합검진을 받으려면 몇 달 전에 예약해야 하고, 하루 전엔 아무것도 먹지 못하고 굶어야 해. 그런데 에디슨만 있으면 병원에 갈 필요조차 없으니 제품이 날개 돋친 듯 팔려 나갈 것이 뻔했어.

많은 사람들이 테라노스의 주식을 샀고, 루퍼트 머독이란 기업가를 비롯해 많은 투자자들이 1조 원에 이르는 돈을 투자했지. 이후 테라노스의 주가는 꾸준히 올라 시가총액이 6조 원이 넘는 기업으로 성장했어. 창업자인

엘리자베스 홈즈는 젊은 스타트업 창업자에서 세계적인 부자로 변신했어.

 그런데 2015년 어떤 기자가 끈질긴 추적끝에 홈즈의 숨겨진 비밀을 폭로했어. 에디슨이 250가지 질병을 진단할 수 있다는 홈즈의 주장은 거짓이라는 거야. 곧이어 경찰에서 수사를 시작했고, 에디슨이 진단할 수 있는 질병은 10여 가지에 지나지 않은 것으로 드러났어. 게다가 이 질병들은 이미 간단한 다른 방법으로도 진단 가능한 것이었지. 홈즈는 실험 결과를 조작해 에디슨이 250가지 질병을 진단할 수 있는 것처럼 자료를 만들어 투자자들을 속였던 거야. 거짓이 드러난 뒤 테라노스는 문을 닫았어. 수많은 직원이 일자리를 잃었고, 주식을 샀던 주주의 투자금은 모두 공중으로 사라져 버렸지.

 테라노스 사건으로 알 수 있듯이 투자하는 회사에 대해 잘 알지 못하면 큰돈을 잃을 수 있어. 또 회사의 사업에는 문제가 없어도 경영자 때문에 주가가 폭락하기도 해. 경영자 중에는 회삿돈을 개인적으로 쓰기 위해 빼돌리는 사람도 있고 큰 수익이 났는데도 주주들에게 배당금으로 주지 않고, 자신이나 가족의 이익만 챙기는 사람도 있어. 또 이기적인 경영으로 주주에게 큰 피해를 끼치는 경우도 많아. 예를 들어 회사에서 잘 팔리는 제품이 있으면 그 제품 생산 부서만 떼어내 다른 회사를 만들어 상장시키는 거야. 새로운 투자자금을 순식간에 끌어들이기 위해서이지.

그런데 이렇게 되면 중요한 부서가 빠져나가 버린 원래 기업은 수익이 크게 줄어 주가가 떨어지게 돼. 경영자를 믿고 투자했던 주주들만 주가 폭락으로 손해를 보게 되는 거지. 따라서 주식을 살 때는 그 기업의 경영자에 대해서도 꼭 살펴보아야 해.

## 결국 좋은 투자를 하려면 좋은 기업을 알아보는 눈을 가져야 하는 거야.

물론 가장 중요한 것은 기업이 '얼마나 돈을 잘 벌고 있는가'를 살피는 것이야. 그런데 최근에는 **기후 변화**와 같은 사회적 문제에 어떻게 대처하고 있는지도 중요한 판단 기준이 되고 있어. 세계적으로 **환경 오염**에 대한 감시가 심해지고 있기 때문에 자연을 파괴하며 제품을 만드는 회사는 앞으로 성장하기 어렵거든. 이런 기업의 주식을 사서 주주가 되는 것은 함께 자연을 파괴하는 것이나 마찬가지야. 또 개인 정보를 함부로 다루거나 팔아먹는 기업, 장애인이나 여성을 차별하는 기업, 아동의 값싼 노동력을 이용하는 기업에 투자하는 것도 함께 나쁜 짓을 저지르는 것이라고 보아야 해.

따라서 좋은 투자자가 되고 싶다면, 위에서 예로 든 것과 반대로 움직이는 기업을 찾으면 돼. 자연을 보호하고, 고객의 개인 정보를 소중하게 다루고, 장애인과 여성의 인권을 지켜 주고, 아동의 값싼 노동력을 이용하지 않는 기업을 선택하는 거야. 더 나아가 사회적으로 보호 받을 필요가 있는 사람에게 이익을 나누어 주는 기업에 투자하면, 여러분도 그들과 함께 좋은 일을 하는 셈이지.

그런데 일반인들이 회사의 경영자나 사업 내용에 대해

정확하게 조사하기는 쉽지 않아. 이럴 때는 주식을 직접 사지 말고, 펀드에 가입하는 것도 좋은 방법이지. 앞에서도 말했던 주식형 펀드는 전문가가 여러 주식을 사서 대신 투자해 주는 상품이야. 주가가 오르면 펀드 수익률도 오르고, 주가가 내려가면 수익률도 떨어져. 물론 원금을 잃어버릴 수도 있지만 전문가들이 고른 **우량기업**의 주식들을 사기 때문에 1, 2년 기다리면 대부분 은행 이자보다 높은 수익이 날 거야.

특히 코스피 지수를 따라 투자하는 펀드는 코스피 지수가 크게 떨어졌을 때 투자해 놓고 2, 3년 기다리면, 나중에 지수가 오른 만큼 이익을 안겨 줘. 이런 펀드를 **지수 펀드** 또는 **인덱스 펀드**라고 해. 인덱스란 주가 지수를 뜻하지.

보통 우리나라의 인덱스 펀드는 주식 시장에서 시가총액이 큰 200개 정도의 기업 주식을 모두 사들여. 각 기업이 주식 시장에서 차지하는 비율대로 양을 조절해 투자하기 때문에 주가 지수가 오르면, 그만큼 펀드의 수익도 오르게 되어 있어.

그런데 이미 주식 거래 계좌가 있는 사람은 따로 통장

을 만들지 않아도 지수 펀드에 투자할 수 있어. 주식 종류 중에 인덱스 펀드를 주식처럼 투자할 수 있게 만든 상품이 있기 때문이야. 예를 들어 'KODEX200'이란 종목은 우리나라 주식 시장에 상장된 상위 200개 기업에 투자하는 지수 펀드를 쪼개어 주식처럼 만든 것이야. 이 종목은 1주당 가격이 비싸지 않아서, 어린이들이 용돈을 모아 투자하기에도 좋지. 코로나 19로 주가 지수가 1,300까지 내려갔을 때 이 주식을 샀다가 주가 지수가 3,000을 넘을 때 팔았다면 아주 큰 수익을 냈겠지.

하지만 주가 지수가 3,000이 넘었을 때 이 주식을 산 사람들은 지금(2023년 9월) 지수가 2,500 정도이기 때문에 손해를 보는 중이야. 하지만 주가 지수는 결국 오르게 되어 있어. 몇 년만 기다리면 다시 수익을 얻게 될 거야.

과거를 돌아보면 주가 지수는 꾸준히 올랐어. 즉 좋은 기업의 주식에 꾸준히 투자하면 중간에 주가가 떨어져 손해 보는 일이 있어도 결국은 수익을 얻었지. 해마다 받는 배당금 수익까지 다시 주식에 투자해 주식 수를 늘려가면 나중에는 꽤 많은 자산을 모을 수 있을 거야. 하지만 어떤 주식의 가격이 갑자기 오를 때 우르르 따라 사서는 안 돼. 대부분 이런 주식은 갑자기 오른 만큼 크게 떨어지기 때문이지. 그리고 이렇게 크게 떨어진 주가는 예전만큼 다시 오르기가 쉽지 않아. 모두 위험하다고 생각하고, 투자하기를 피하거든.

주식 투자에서 명심할 것은 손해 보고 파는 일을 몇 번만 되풀이하면 투자한 원금을 거의 다 잃어 버리게 된다는 사실이야. 특히 테라노스처럼 망해 버릴 기업의 주식에 투자했다면, 원금을 한 푼도 찾지 못해. 주식은 원금이 보장되지 않기 때문에 예금이나 채권보다 훨씬 위험한 투자라는 사실을 꼭 기억해야 해.

# 나도 자본가가 될 수 있을까?

주식을 사는 순간 우리는 주주가 되고, 가지고 있는 주식만큼 회사의 일부를 가진 **자본가**가 되는 거야. 기업의 주식을 사서 회사의 경영에 참여하게 되면, 우리가 회사의 대표를 고용한 것과도 같아.

그런데 대부분의 사람들은 많아 봤자 몇 십 주 혹은 몇 백 주를 가진 **소액 주주**일 뿐이고, 기업의 대표는 몇 억 주 혹은 몇 십억 주를 가진 **대주주**지. 따라서 대주주인 기업 대표가 소액 주주인 우리의 뜻에 맞게 일하도록 만들기는 어려워. 우리가 할 수 있는 일은 주주총회에 참석해 안건에 대해 찬성인지 반대인지 투표를 하는 정도야.

만일 이런 소액 주주의 역할에 만족할 수 없다면, 나도 회사를 세워 대주주가 되는 것은 어떨까? 주식 투자를 하는 데서 그치지 말고, 스스로 투자를 받아 자본을 불리는 자본가가 되어 보는 거야. 개인에게 주식을 팔아 투자를 받는 기업가는 회사의 진정한 주인이고 많은 사람들에게 일자리까지 만들어 줄 수 있어. 또 수출로 달러를 벌어들이고, 많은 세금을 내기 때문에 국가 경제를 성장시키는 데도 큰 역할을 하지. 자본주의 사회에서 기업가

는 꼭 필요한 사람이야. 따라서 예금, 채권, 주식을 통해 기업에 투자하는 것도 좋지만, 기업가로서 꿈을 펼쳐보는 것도 적극 추천해. 그럼 지금부터는 기업가가 주식회사를 세워 투자 받는 과정을 살펴볼게.

## 누구도 생각해 내지 못한 창의적인 아이디어나 기술을 가지고 회사를 세우면, 엔젤 투자자의 지원을 받을 수 있어.

<mark>엔젤 투자자</mark>는 이름에서 알 수 있듯이 천사처럼 초보 기업가를 도와주는 사람들이야. 아직 제대로 사무실이나 창고도 갖추지 못한 창업자에게 큰 자금을 투자해 사업을 제대로 시작할 수 있도록 해 주지.

　엔젤 투자자들이 좋아하는 사업은 그 누구도 흉내 내기 어려운 <mark>기술</mark>이나 <mark>아이디어</mark>야. 그래야 큰돈을 벌 수 있기 때문이지. 대부분 이런 사업은 많은 사람들의 문제나 불

만을 해결해 주는 것이기 때문에, 고객이 끊임없이 찾아오게 되지.

  엔젤 투자자들은 가능성이 보이는 초보 기업을 발견하면, 기업이 원하는 것보다 훨씬 많은 금액을 투자하기도 해. 예를 들어 1천만 원을 투자받고 싶어 하는 기업에게 1억 원을 투자할 수도 있어. 나중에 세계적인 기업으로 성장했을 때 더 큰 이익을 거두기 위해서지. 물론 이런 초보 기업들은 하루아침에 망할 수도 있어. 특히 앞에서 이야기한 테라노스처럼 거짓말하는 기업에 투자하면 큰 손해를 볼 수도 있어.

  대부분 **초보 기업 경영자**들은 엔젤 투자자의 돈으로 사업의 틀을 갖춘 뒤, 규모를 키우기 시작해. 사업 규모가 점점 더 커지면, 더 많은 자본이 필요하지. 드디어 주식을 발행해 사람들로부터 투자받아야 할 때가 된 거야.

  주식을 발행하려면 우선 기업에 대한 여러 가지 정보를 세상에 공개해야 해. 개인들이 믿고 투자할 수 있는 회사인지 평가를 받기 위해서지. 이 평가를 통과해야만 비로소 주식을 발행해 일반 투자가들에게 팔 수 있어. 그리고 주식을 통해 투자 받은 자본을 굴려 회사를 더 크게 키우고, 새로운 사업에도 도전하지.

요즘처럼 컴퓨터와 인공지능이 중요한 사회에서는 커다란 공장을 세우지 않아도 막대한 자본을 굴리는 사업을 할 수 있어. 우리나라의 네이버나 카카오 같은 대기업도 처음에는 검색용 포털 사이트나 문자 메신저 서비스를 하기 위해 컴퓨터 프로그램을 짜는 간단한 사업에서 출발했어.

그런데 그들이 만든 프로그램을 이용하는 사람들이 많아지고 영향력이 커지자, 많은 기업들이 두 회사가 운영하는 포털 사이트나 메신저에서 광고를 하고 싶어 했지. 처음에는 광고비를 받아 자본을 쌓았고, 나중에는 다른 사업에 투자하면서 대기업으로 성장했어. 지금은 웹툰, 웹소설, 금융, 온라인 쇼핑 등 다양한 사업을 벌이며 세계로 진출하는 기업이 되었잖아.

페이스북과 인스타그램을 운영하는 세계적인 기업 **메타**도 컴퓨터로 만든 친구 찾기 프로그램을 기반으로 성장한 회사야. 독창적인 컴퓨터 프로그램을 만드는 것은

가장 적은 자본으로 크게 성공하는 지름길이라 할 수 있어. 최근에는 인터넷에서 **가상세계**를 만드는 프로그램으로 성공하는 기업가들이 하나둘 생겨나고 있지. 예를 들어 우리의 아바타들이 살아가는 **제페토**나 **로블록스** 같은 가상세계를 만드는 것이지. 요즈음 어린이들은 유명한 검색 사이트보다 가상세계에 머무는 시간이 많기 때문에 많은 기업들이 이곳에서 광고를 하고 싶어 해.

만약 프로그램을 만드는 일이 어렵다면 이미 만들어진 가상세계 안에서 무언가를 팔아 수익을 얻는 방법도 있어. 지금도 많은 기업들이 가상세계에서 유명 상표를 단 신발, 옷, 가방 등을 팔고 있는데 관심이 있다면 누구나 참여해 다양한 제품을 팔아 수익을 올릴 수 있지. 그런데 가상세계에서 자본을 불리려면 이곳에서 사용되는 **가상화폐**에 익숙해져야 해.

## 디지털 화폐, 암호화폐, 가상화폐는 약간씩 차이는 있지만

## 모두 비슷한 말이야.
## 온라인 세계에서 쓰이는 돈이지.

　앞으로는 누구나 **전자지갑**을 만들어 이런 **가상화폐**를 담아두고, **가상자산**을 불려가는 세상이 찾아올 거야. 가장 쉬운 예를 들자면 우리가 자주 찾는 제페토 같은 가상 세계에서 쓰이는 **코인**이나 **젬**을 생각해 보면 돼. 이런 가상화폐는 돈을 내고 살 수도 있지만, 가상세계에서 아이템을 만들어 팔거나 여러 가지 활동을 해 얻을 수도 있어. 물론 가상세계마다 쓰이는 코인도 다르고, 아직은 게임에서 얻은 코인을 현금처럼 사용할 수는 없지.

　하지만 가상세계에서 부동산을 사거나 **가상 경매 시장**에서 작품을 살 때 쓰는 가상화폐는 현금과 교환이 가능해. 어떤 가상세계에서는 우리나라의 청와대가 2천만 원이 넘는 가격에 거래되었어. 실제로 만져볼 수도 밟아볼 수도 없고, 가상세계의 이미지에 지나지 않는 땅을 이렇게 비싼 가격으로 사는 이유는 **희소성** 때문이야. 희소성

이란 가지려는 사람들은 많은데, 수나 양이 많이 모자라 아무나 가질 수 없는 상태를 뜻해.

무엇이든 희소성이 높으면 가격이 올라가. 앞에서 이야기했던 17세기 튤립 파동을 떠올려 봐. 희귀한 튤립을 찾는 사람은 많은데 그 수가 너무 적으니까 튤립 가격이 집값보다 비싸졌어. 여러분 중에도 희소성 있는 것을 모으는 취미를 가진 친구들이 있을 거야. 희귀한 카드, 유명 선수가 사인 한 야구공, 게임 아이템 같은 것들 말이야.

어른들 중에는 유명 화가의 그림이나 오래된 **골동품**을 모으는 사람들도 있어. 그중에서도 세상에 단 하나밖에 없는 작품은 가격이 어마어마해. 고흐라는 화가가 그린 해바라기는 몇 년 전 500억 원이 넘는 가격에 팔렸어.

가상세계에서도 하나밖에 없는 미술품, 사진, 동영상을 **NFT**로 등록하면 비싼 가격에 팔리는 경우가 많아. NFT는 **그 무엇으로도 대체할 수 없는 토큰**이란 뜻이야. 이때 토큰은 특별한 **암호 기술**이 쓰여 누구도 함부로 복사하거나 가져갈 수 없는 가상화폐를 뜻해. 즉 NFT는 컴퓨터 화면에 표현되는 **디지털 예술품**이지만, 특별한 암호 기술로 보호

되는 작품이자 경제적 가치를 지닌 자본이라 할 수 있어. 보통 컴퓨터에서 볼 수 있는 문서, 이미지, 영상은 아무나 복사해서 쓰기가 쉬워. 하지만 NFT로 등록하면 누구도 복사할 수 없지. 여기에는 요즘 중요하게 떠오르는 기술인 **블록체인**이 적용되었기 때문이야. 그리고 NFT는 컴퓨터에 표현되는 미술품, 사진, 동영상 등에 '세상에 단 하나뿐!'이라는 희소성을 주는 기술이야.

  외국에서는 이미 어린이도 NFT 거래 플랫폼에 자신의 작품을 올려 가상화폐를 벌고 있어. 그런데 우리나라에서는 법률상 미성년자가 가상화폐를 사용해 수익을 얻는 것은 금지되어 있지. 또 NFT 거래 과정이 복잡하기 때문에, 작품을 플랫폼에 등록하고 수익을 얻는 모든 과정은 부모님과 함께해야 가능해.

  지금은 모든 것이 디지털화되는 시대야. 이제는 시장에서 옷이나 책을 사는 사람보다 **온라인 쇼핑몰**에서 사는 사람들이 더 많아. 실제로 아주 비싼 건물이나 미술품을 온라인에서 여러 사람들이 모여 함께 사기도 해. 이 사람들은 실제로 만난 적이 없지만, 나중에 건물값이 오르면

그것을 팔아 수익을 공평하게 나누어 가져. 심지어 실물을 만져볼 수 없는 가상세계의 땅, 명품, 예술품에도 아낌없이 돈을 투자하기도 해. 이런 것들이 나중에 가격이 오르면, 큰 수익을 안겨 줄 것으로 기대하기 때문이지.

**미래에는 컴퓨터, 인터넷, 인공지능이 어우러져 만드는 가상세계에서 많은 활동과 놀이를 하게 될 거야.**

그렇게 되면 이곳으로 자본도 몰려들게 되겠지. 눈이 많은 곳에서 눈을 굴려야 눈덩이가 쉽게 커지듯, 투자가들도 자본이 많은 곳에서 자본을 굴려야 많은 이익을 낼 수 있어. 투자가로 성공해 자유롭게 살고 싶다면, 지금부터는 가상세계에서 자본을 불리는 방법에 관심을 가져보면 좋을 거야.

마지막으로 현실세계든 가상세계든 우리가 투자하는

이유는 나와 주위 사람들이 모두 함께 **행복**해지기 위해서야. 또 경제적으로 여유가 있으면 다른 사람들을 돕고 자유롭게 살아갈 수 있어. 즉 투자로 큰 자본을 얻는 것은 행복과 자유에 이르기 위한 도구이지, 그 자체가 목표는 아니야.

 부자가 되기 위해 많은 사람들을 불행하게 만든 테라노스의 엘리자베스 홈즈처럼 자본을 불리는 데만 눈이 멀지 않도록 항상 조심하길 바랄게.

주식과 투자로 어떻게 돈을 불릴까?

초판 1쇄 발행 2023. 9. 20.
초판 2쇄 발행 2024. 10. 20.

| | |
|---|---|
| **지은이** | 유윤한 |
| **그린이** | 이창우 |
| **발행인** | 이상용 이성훈 |
| **발행처** | 봄마중 |
| **출판등록** | 제2022-000024호 |
| **주소** | 경기도 파주시 회동길 363-15 |
| **대표전화** | 031-955-6031 |
| **팩스** | 031-955-6036 |
| **전자우편** | bom-majung@naver.com |

ISBN 979-11-92595-27-6  73320

값은 뒤표지에 있습니다.
잘못된 책은 구입한 서점에서 바꾸어 드립니다.
본 도서에 대한 문의사항은 이메일을 통해 주십시오.

봄마중은 청아출판사의 청소년·아동 브랜드입니다.